# 80%穩 20%求飆

# 低風險的財富法則

顏菁羚、鄭傳崙 ／著

U0050284

# 月入百萬營業員的投資方法

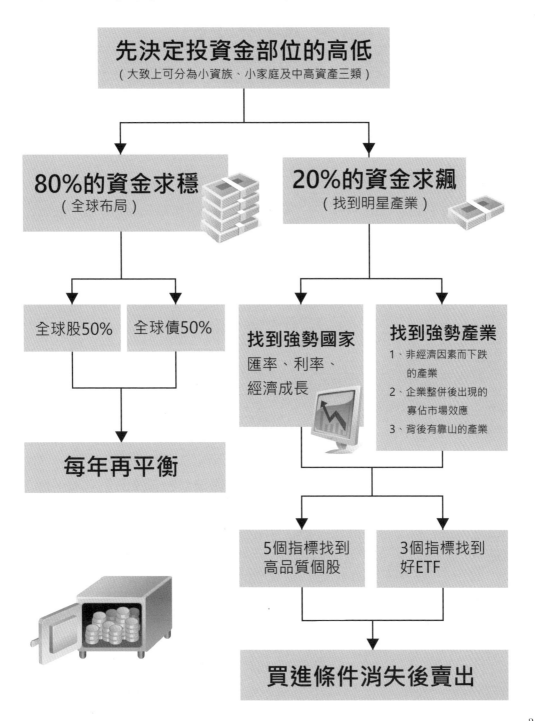

先決定投資金部位的高低
（大致上可分為小資族、小家庭及中高資產三類）

80%的資金求穩
（全球布局）

20%的資金求飆
（找到明星產業）

全球股50%

全球債50%

找到強勢國家
匯率、利率、
經濟成長

找到強勢產業
1、非經濟因素而下跌
的產業
2、企業整併後出現的
寡佔市場效應
3、背後有靠山的產業

每年再平衡

5個指標找到
高品質個股

3個指標找到
好ETF

買進條件消失後賣出

# 讓夢想成真

擁有財富自由相信是全世界多數人的共同夢想，但為何只有極少部分的人做得到？無法財富自由的原因如下 ：

1. 收入過低（職場競爭力太弱）。

2. 收入高但支出大於收入（過度消費）。

3. 沒有長期自律儲蓄。

4. 沒做正確的理財。

5. 沒有資金做投資、或投資金額太少。因為第 1、2 點。

6. 投資過於保守或投資組合錯誤導致投資獲益太低。

7. 投資失敗。因為沒有做好功課、沒有問專家、過度貪心甚至舉債投資、沒有面對市場波動的抗壓性。

本書作者顏菁羚 （Lidia）用她多年金融業與投資業實戰經驗，看過上百則成功與失敗的投資案例後，再用淺顯易懂的方式與讀者您分享如何正確理財與提供各種安穩合理的投資建議，實為現代人每個家庭必備的好書。

菁羚也在 2016 年時成為千碩我腦力開發的學員，謙虛上進的心態加上積極練習，讓她產生更多創意以及規畫出各種可幫助人們財富自由的計畫，如今看到她以出書方式達成人生目標又可實質的幫助讀者，真的令人感到開心。

本人很榮幸為菁羚撰寫推薦序。期盼有更多家長與孩子都能懂得理財規畫、享受生活並將專長快樂的幫助他人以及社會相信台灣會更富裕又幸福。

暢銷書「迷你退休」作者

15年腦力開發訓練　專家

# 理財就是理生活

在大學時代，因為是考插大進入大學，學分大都抵掉了，所以要上的課很少，我記得全盛時期，一個月光兼職家教，美語補習班，幼兒美語，就可以賺個六、七萬不是問題。

但，我居然可以是個月光族，在學期間我唸的一路都是商科，只是從小到大沒有人教我怎麼理財，證券公司教的也都是以銷售金融商品為主。爸媽唯一告訴我的就是：錢不要亂花，把錢存起來。然後呢？沒有然後了。但是我就覺得存起來到底要幹嘛呢？反正下個月錢就又進來啦。

反正還年輕，以後賺錢機會多的是，因為有這樣的心態，所以就很豪邁的買買買，吃喝玩樂給它花光光。那些錢如果我可以存下來，並且每年找個5%投報率的商品，放到現在，至少會是一筆很大的資產，但我就這麼浪費掉時間複利的威力。

2004年出社會開始從事證券業之後，隨著台股及國際股市的熱絡並在2008年達到頂峰，薪水從一開始的25K，呈現倍數等級的成長，甚至月入百萬，於是「很會賺錢」這件事，反而成為我在理財道路上的致命點。我總是告訴自己，賺錢就是要花啊……不然這麼辛苦工作要幹嘛呢？

因為這樣，認為每個月都會有薪水入帳，只要不要花超過就好，也沒有想到要理財，把財務資源放在更有效率的地方。

在證券業看到的都是大筆的金額進出，久而久之，就以為在股票市場有大筆資金殺進殺出的才是有錢人。我背著名牌包，穿著名牌鞋，和那些有錢的客戶一起下午茶，有一段時間我真的以為我也是有錢人，但你知道，就像廟裡的門神一樣，晚上廟門一關，門神是在外面，和廟裡面真正被膜拜的神

還是有差距的。

直到金融海嘯的來臨，我才知道真正的投資理財，不是我看到的這麼一回事。

投資跟理財完全是二碼子事，沒有一個良好的理財基礎做後盾，很多時候投資策略會因此被打亂。遇到空頭來臨時，根本毫無能力去面對。換句話說：「一個成功的投資策略，背後一定有一個偉大的理財基礎。」

在金融業十多年，發現大部分的人都在研究如何賺更多錢，但是卻很少人在研究，如何好好的把錢留下來。總是像過路財神一樣，錢左手進，右手出，忙了半天，最後回頭一看，什麼也沒留下，更有甚者，可能留下一屁股債。永遠跳不出《窮爸爸富爸爸》那本書裡說的老鼠迴圈。

過去我也遇到同樣的問題，我把心思都花在賺錢上，但因為收支管理不當，投資管理也有問題，最終沒有留下多少錢，印象最深刻的是，有一年全家要繳大約20萬的保費，但我發現我帳戶的錢居然不夠繳！

已經是二個孩子媽媽的我，發現不能再繼續這樣下去。深刻的知道，一個家庭的財務成敗與否，跟女主人非常有關係，於是痛定思痛，開始深入學習財務管理，及財務規畫。

後來分享給客戶，幫他們做一對一的財務諮詢時，每深入了解一個客戶的財務目標跟過去的理財模式，就好像看完一個人到目前為止的人生，從成功變成失敗，或是從失敗變成功的都大有人在。

本書就是告訴你，怎麼做可以成功？又怎麼做可以很失敗？

巴菲特的好友兼夥伴查理.蒙格說：「如果我知道我會在哪裡死去，那麼我永遠都不會去那裡。」看到失敗的案例，避開他們走過的路，相對來說不也就是通往成功道路的一種嗎？

每個人都有許多夢想及目標，還有責任要完成，而金錢是完成這些事情

的最重要工具之一，理好財就自然而然會把生活給理好。

現在的我，透過正確的觀念及做法，讓我可以每年有穩定的獲利，同時透過網路傳達財務金融教育的概念，讓更多人可以更早接觸理財投資的正確觀念，少走冤枉路。

財富自由不應該是人生奮鬥的終點，而是另一段不為了賺錢，還願意去奮鬥的精彩人生的起點。現在拚命賺錢，等到有朝一日真的實現了財務自由，又會有多少人的人生變的更精彩或更有意義呢？

我們都覺得實現財務自由後，生活會發生超級美好的變化。不會的。你還是你，你的樂觀，勇氣，聰明智慧，你的懶惰，貪婪，懦弱，你的一切，都還是會繼續伴隨著你。人生需要解決的問題還有許多許多。

對待財務的態度其實就是你對待人生的態度，選擇去面對正視它，在問題出現之前就先防止它發生，早日達到財富自由，過上你想要的自由寫意人生。

這不是一本讓你看完就可以快速賺大錢的書，也不是一本標榜一年可以有幾百趴獲利的書。而是告訴你如何先求穩後求飆的方法，40%投資全球股票ETF，40%投資全球債券ETF，20%找到明星產業，讓你可以進可攻，退可守。

台灣人的投資習慣非常有趣，根據我的觀察，保守的太保守，積極的又太積極。近年流行的存股就是其中之一，看似保守但其實是很積極的投資，有的年輕族群會誤以為存股跟以前的定存概念相似，但我個人認為存股適合資金部位較大的退休族，他們不在乎本金的波動，因為他們要的是每年領到的利息，用利息來過生活。

反觀資金部位較小的族群，如果只是存股，每年領到的利息有限，在遇到空頭市場的時候又容易信心不足而自亂陣腳，反而應該要將資金布局一些較有成長性的產業或個股，搏取賺價差的機會，同時又可以訓練自已投資的

經驗及眼光。

本書第一到三章告訴你財務規畫的觀念和實際的操作方法。第四到七章是找出投資標的的系統方法，這是近幾年來摸索出來的一套實操方法，應該說也走過不少冤枉路，才總結出能在茫茫市場中可安身立命的邏輯。但請別以為這是多神秘的天才公式，或是不敗的投資策略，畢竟市場分分秒秒在變，但找到適合自己的方法卻是最重要的。分享觀察市場的重點與個人小小研究，我不認為能創造多大的利潤但至少可以趨吉避凶。當中提到許多有關投資成本與費用的部分，倒是許多投資朋友在初入市場時，一定會忽略的重要關鍵，不能不注意。

至於許多的投資策略與分析方法，其實也都是歷年來著名投資大師的心血結晶，也非常感謝能有這樣的機會和他們學習。說來也有趣，過去數十年來，不管股市如何變化，許多分析股市的方法卻與過去數十年來所用的方法別無二致，可見得方法百百種，投資的心法卻從未改變過，分享給你，希望對你有幫助。

這本書獻給我們二個可愛的兒子及最愛的家人

財務建築師 顏菁羚（Lidia）

# 用簡單的方法參與經濟成長

　　當我太太有機會出版書籍時，討論到是否可以也一起分享投資方法與邏輯時，起初相當排斥，金融投資是一門科學也是藝術，我有的僅是街頭智慧，稱不上什麼無敵的招式，也是從許多投資大師與經典書籍中獲取投資觀念再配合上這幾十年來在法人圈中闖蕩下的所見所聞，怎夠資格與讀者們分享，反而建議推薦幾本必讀投資大師經典還比較實際，畢竟數十年來的金融市場所看的指標與所用的分析方法邏輯，並沒有什麼不同，但與我太太討論後，認同許多朋友在理財投資的觀念不甚正確，或許被金融機構銷售話術荼毒已久，畢竟曾身在金融業中也深知其操作伎倆，了解「行銷手法奧妙」與「績效處處神蹟」其高招背後不過是達成業績必要之手段，因為有業績才有獎金是千古不變的道理，至於許多金融商品的設計更是對投資人相當不友善。我從過去的經驗了解到，越簡單的策略配合簡單的商品反而更能夠創造穩定的收益，我們把理財觀念放在本書最初章節，就是希望讀者能理解我們的用意，讓大家先學習從自身的目標與狀況做規畫，先理財再投資。

　　投資方法真的百百種，有人專精於技術面、看籌碼或是分析基本面，甚至有人可以從滿天星宿中找尋出股市運行的法則。近幾年更火的是透過人工智慧電腦來找尋投資機會，當然能賺錢就是好方法，不過追根究柢，經濟運行或者是企業經營乃至於股市波動，唯一不變的都是「人」參與其中，也就是說股市的上漲與下跌就是人類行為學，而人性的變化卻是我認為最難分析的一塊，也因此要獲得完勝的績效難如登天。同時大家常說的風險，我也不認為有任何一種方法能夠完全避免，風險只能透過方法控制但卻無法完全避免，這是在初入投資市場時必須要有的基本觀念，只是市場往往漲時說漲跌時說跌，我常說財經新聞要看但不要盡信，永遠要保持對字面背後的意義，做更深入的理解與思考。

投資是滿複雜的一件事，大量的數據資料，無法完全規避的風險，爾虞我詐的消息面，要從中獲取利潤真的是相當辛苦，因此化繁為簡有其必要，在過去這幾年，被動式投資的興起更讓我覺得興奮，或許你會好奇主動投資策略應該是我過去在服務客戶的過程中最重要的一項武器，為何我反而會如此推崇被動式投資？其實過去的我服務許多外商投資機構，也在許多明星經理人報告時隨侍在側，但經過多年下來，卻感覺到對於投資這件事，更加的迷失。為何這麼說，我們都很清楚未來市場是漲是跌是如此的無法捉摸，投資後的結果往往跟丟銅板沒啥兩樣，法人已是如此，何況是一般的投資人，金融機構所看的並不是商品能為客戶帶來多少獲利，而是當銷售商品時能為自己帶來多少手續費收入以及持續管理費收入，至於在銷售時說的那些無懈可擊的話術，未來很有可能都會重重打自己的臉，我必須說看錯市場是非常的正常，但問題是我們仍舊花了高昂的費用來承擔敗戰的可能。既然未來無法預測，但我可以確定的是金融市場不會消失，全球股市會漲會跌，只要用最「簡單」與「有效率」的方式去參與就好。

至於人畢竟還是喜歡冒險犯難的，我也不例外，因此書中後面章節也提供我自己在觀察市場時所運用的方法，投資是生活的一部分，透過研究我才了解頁岩油產業、什麼是區塊鏈，電動車的成本、AI自動化產業的變化等等，而透過研究也帶來許多樂趣，也把這樣的知識與大兒子和小兒子分享，與小孩一同研究了微軟、日本萬代公司、美國動視暴雪等公司，和他們聊商業模式與經濟變化，或許有些人會覺得，天啊！！這也太硬了吧！其實當我分享美泰爾（Mattel）與孩之寶（Hasbro）公司時，我兩個兒子討論的可熱絡的呢！看到孩子們這樣的反應對我來說就是最大的收穫，只是小孩終究是小孩，永遠對遊戲產業有種無法抗拒的熱情，希望你也能從書中找到屬於你的投資熱情。


資深金融從業人員　鄭傳崙

# 目錄
## CONTENTS

**第一章：投資要結合財務規畫不要結合神話** • • • **14**

千線萬線比不過一條電話線：沒有人可以完全防範風險 • • 15

大戶滅頂的啟發：短線之下無贏家 • • 18

一個 K 線控的省思：用基本面的思維比較好 • • 22

巴菲特並非年年打敗大盤：對投報率請不要有太多的幻想 • • 27

結合財務規畫的投資系統：讓你的資產增加，而不是風險增加 • • 30

**第二章：投資不斷頭的財務規畫** • • • **42**

如何決定你的理財目標 • • 42

如何決定你的投資比重 • • 47

分段進場的資金配比決定 • • 57

三大族群的具體理財規畫建議：小資族、小家庭、退休族 • • 64

**第三章：投資方法（1）：讓你遇到金融風暴也不怕的穩定布局** • • • **68**

80% 的資產要以全球布局著眼 • • 69

買基金要注意的 3 件事 • • 76

50% 股＋50% 債真的不會錯 • • 84

每年花 10 分鐘再平衡就好了 • • 87

**第四章：投資方法（2）：由上而下找尋投資機會** • • • **92**

從匯率、利率、經濟成長、產業影響力、政治影響力找到強勢國家 • • 92

3 個方向捉住強勢產業機會 • • 111

非經濟因素而下跌的產業

企業整併後出現的寡佔市場效應

背後有靠山的產業

產品生命周期對產業個股選擇的影響 ・・・・・・・ 122

　草創期：如何在高負債比的公司中挑出勝利者

　成長期：營收成長率重要，實際營利率更重要

　成熟期：誰的管理好

# 第五章：挑出投資標的：ETF 選擇的 3 個要素 ・・・・・ 132

ETF 費用率：追蹤指標報酬與 ETF 報酬低且費用率低的 ETF ・・・ 132

ETF 持股數量：各種 ETF 最低持股量的建議 ・・・・・・・ 139

ETF 規模與每日交易量：流動性考量 ・・・・・・・・・・ 144

ETF 不是檔檔好：被動投資精髓，越接近指數表現越好，如此而已 ・ 149

賣出時機的決定 ・・・・・・・・・・・・・・・・・・・ 151

# 第六章：挑出投資標的：5 個財務比率在強勢產業下選擇高品質個股 ・・・・・・・・・・・・・・・・・・ 154

企業成長力的來源——產業毛利率 ・・・・・・・・・・・ 155

企業的血液——現金流量比率 ・・・・・・・・・・・・・ 159

企業的獲利能力——股東權益報酬率 ・・・・・・・・・・ 162

企業穩健與否的指標——股本變化與負債比 ・・・・・・・ 165

市盈率相對盈利增長比率決定賣出時機 ・・・・・・・・・ 166

# 第七章：投資可以贏在起跑點 ・・・・・・・・・・ 170

毛利 32% 的蘋果與毛利 5% 的鴻海 ・・・・・・・・・・ 171

每筆交易手續費 3 美元與 35 美元的差別 ・・・・・・・・ 173

結語：投資成本很重要 ・・・・・・・・・・・・・・・・ 175

# Chapter 1　投資要結合財務規畫不要結合神話

在我當股市營業員十多年的生涯當中,有幾個具代表性的客戶,讓我印象非常深刻。第一位最具代表性的客戶是我在2005年參加一個業務聚會上認識的一位中小企業主,他自己的事業蒸蒸日上,而在2005至2006年那個海外投資剛開始流行的時代,他也因為朋友的鼓吹,而跑來找我開戶準備下單。

一開始他的資金只有50萬元,因為投資方面他完全不懂,但是當時行情好,閉著眼睛買什麼都漲,所以他開始在股市有小小的獲利,也因為投資的金額沒有很大,而且也都用現股做買賣,所以後來的金融海嘯沒有影響到他。

在2009年的有一天,他突然問我:「Lidia……因為公司增資,我把部分的股權賣給新加入的股東,所以手上多了一千多萬可以用,可以投資什麼?」我建議他可以一半買基金,一半短線做股票,因為他喜歡冒險,而且也一直自認為運氣很好,所以後來他決定全部投資股票。

剛開始,他多半是聽我公司早會推薦的股票建議來買賣股票,在2009年股市剛從谷底往上爬的情況下,每次的買賣都有小小的獲利,後來我發現他開始會自己選股,而且買的標的幾乎都在買完就會立刻大漲,甚至買完就漲停,他開始越賺越多,膽子也大了起來,接著用

融資買賣股票，就這麼一路用融資炒短線把本金變到二千多萬，於是我就好奇了，問他是如何選股的？

## 🀄 千線萬線比不過一條電話線：沒有人可以完全防範風險

他告訴我，原來是因緣際會認識了一群朋友，都有在投資股票，而他們很多時候選股的來源，除了基本面要夠好以外，也都知道會有「特定人」準備要炒作這檔股票，他們才會入場跟風。也就是我們證券業常常會講的「千線萬線比不過一條電話線」。

因為前面的幾檔跟風的標的都讓他大賺，於是他融資的金額越來越多，整體資金部位已經來到將近5,000萬（融資加上自備款），2010年的某一天，他又選中了一支新的標的，花了好幾天才慢慢買完他要買的張數，不然價格會被推上去，此時的他儼然就像是個市場的小主力了。

他的消息來源指出，這檔股票預計在半年內要漲到400元，而他的買進成本約在140元（見P16圖），其中有8成的資金都用融資買進，2成買現股。

據我所知，他身邊的很多朋友都知道這件事，很多人拿錢拜託他幫忙一起買個幾張，想搭順風車一起賺錢。內線消息的迷人之處就在這個地方，但卻也是最致命的。

我真的覺得這個客戶會靠這檔股票賺到他人生的第一個億了，心裡暗自羨慕他有那樣的運氣跟膽量，只是好景不常，後來2011年歐債危機的聲音出現了，市場開始漲不動，這檔說好幾個月內要漲到400的股票，開始下跌。

## 大漲的股票，如果你資金配置不佳，有時也賺不到

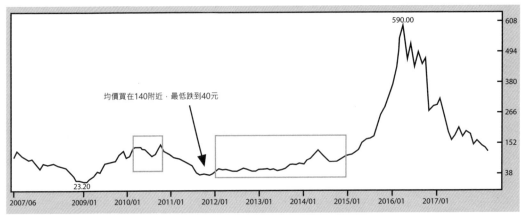

資料來源：富邦 e01

　　一開始他還老神在在，認為只是小小的市場回跌，但是後來股價開始腰斬，遇到融資＊要被斷頭的問題，所以一直拿現金在補他的維持率，補到最後沒有現金再補了，那檔股票跌到剩40元左右，而他的融資部位也全數被斷頭，把所有的之前賺的都吐光光回去給市場，還把本金也都輸光了。

　　但是你一定有想到，他手上不是有些是買現股嗎？是的，現股並不會受到股價跌而要被斷頭的影響，但因為這檔股票並沒有在短時間內漲回來他的買進成本價140元，而是盤整了3年後（見上圖）才開始起漲。在這3年之間，他因為自己公司跟家裡也需要資金週轉，他在缺錢的時候就會賣掉幾張。例如：孩子要繳學費了，賣股。家裡有地方要維修了，賣股。公司需要錢週轉了，賣股。到最後他手上股票賣到一張都不剩，而且都是在虧損的情況下將這些現股賣出的。

*註：融資就是跟券商借錢買股票，當你買的股票下跌時，券商會要求你補錢，補在一定的維持率之上。因為券商怕會跌到他們借給你的錢，如果沒有錢補，券商會直接將股票賣出，確保他們借出去的錢拿的回來，而且一樣會加計利息，一般到這種時候，你能拿回來的錢是少之又少的了。*

最令人感到可惜的是，這檔股票，在3年後，真的漲到了400多元甚至來到590幾元，但是我那位客戶完全沒有參與到，後面股價漲的跟他一點關係都沒有。

理財跟投資應該要分開來看，因為他的財務沒有任何的規畫，在要用錢的時候只能賣投資的部位，而且在這當中他還要背負許多人情壓力，他幫不少朋友買了這檔股票，也因為不是自己研究來的股票，都是聽那群「厲害」的朋友說的，所以當股價下跌的時候，他也很想要問問那群「厲害」的朋友是怎麼回事，但又不好意思一直問，把自己的精神壓力弄的很緊張，連帶影響到自己的事業。

如果事先有做過透徹的研究以及妥善的資金分配，且不要用融資放大投資槓桿，我認為他是有機會可以參與到那檔股票後面的漲幅的，這整個事件到最後沒有人是贏家，客戶賠了本金，券商沒了客戶，而我沒了業績。

大多數人都在談投資，而很少人在談投資管理。而投資這件事情其實是需要「管理」的。大部分的人都關注於買什麼金融商品？買什麼股票？買什麼基金？做什麼投資會賺錢？

無論你買的是基金或者是股票或者是任何的金融商品，我認為你要具備買了之後的後期管理能力，它才是決定你投資勝敗的關鍵所在。因為不是買了就沒事幹等著賺錢的。

幾個問題你要先考慮：（以定期定額存股或是買基金來說）

1．高點到了要不要獲利部分出場？

2．低點到了要不要加碼？

3．如果每個月一直扣款，但市場一直跌，你還敢不敢加碼（或是繼續讓它一直扣款）？

4．加多少？

5．怎麼加？

6．分幾次加？

7．這筆錢多久之內都用不到？

8．會不會有臨時的支出打壞整個投資計畫？

多年來我看下來，有許多人在盤面上賺到了錢，但卻留不住。不是高點被貪婪給迷惑了，想要賺更多，打死不做獲利減碼的動作，變成一場紙上富貴，就是被下跌時的恐懼給矇蔽了自己的眼睛，瘋狂的在低點時賣出，所以一個成功的投資計畫，背後要有一個偉大的理財方法，才能長治久安，在投資市場走的長長久久。

## 大戶滅頂的啟發：短線之下無贏家

先說明營業員對大戶的認定方式：大戶指的不是本金最多的客戶，而是最愛操作短線買賣，且愛用融資槓桿的客戶，這樣的客戶有的本金才一百萬，但可以為營業員創造無限的業績。

第二個具代表性的客戶，是一位在竹科當工程師的客戶，2004年我剛進證券業，還是個菜鳥，對許多股票不熟悉，但是我花了3,000元請一個大學生幫我做了一個網頁，然後在PTT股票版及各大論壇曝光，來找我開戶的大部分是大學生或是一些電腦宅男，我習慣用ＭＳ

N在跟客戶在盤中聊天,有一天突然有一位陌生的男子問我對某檔股票的看法,但我實在不知道該如何回答,所以當下直接回答他:「我不知道。」

他問我說:「你是股票營業員,但你卻什麼都不懂嗎?」我非常坦白的告訴他我是菜鳥,也不想隨便回答他,讓他對於股票有錯誤的判斷,於是在公司的資料庫裡面找了幾篇該個股相關的研究報告給他。也許是這樣誠實直接的態度吧,他要我隔天到他位於竹科的公司幫他開戶,當天我從台北搭火車到新竹,填好開戶資料後,他拿了一堆他公司發的實體股票,要我幫他存進集保去,我就這麼又從新竹坐著火車到台北去幫他到股務代理去存股票,不存還好,一存發現,這些股票市值總共有2,000萬。

當時還是菜鳥的我,真的冒出一身冷汗,那2,000萬的股票,居然是用紅白塑膠袋裝著給我拿走的,還好我安全的把它存進去集保*了。

*註:臺灣集中保管結算所股份有限公司,簡稱集保結算所(TDCC),前身為臺灣證券集中保管公司,係中華民國金融監督管理委員會所許可的證券集中保管業和短期票券集中、保管與結算機構,辦理《票券金融管理法》所定義之短期票券以及《證券交易法》所定義之有價證券的無實體發行登錄、集中保管、帳簿劃撥和短期票券的結算業務。

客戶在股票全數存進集保之後，就全部把它賣掉，換成其它公司的股票。然後開始了他的短線操作之旅，他的操作模式非常的奇妙，每天開盤買進一檔股票，而且只用開盤價買，收盤再把當天買的股票賣掉賺價差，也就是當日沖銷，在證券業叫「當沖」。例如開盤買100張20元，收盤賣100張20.8元，這種在我看起來近乎無腦的機械式操作，一開始居然也讓他小有獲利。最神奇的是，他選的標的股票每天都一樣，有時會一整個月操作同一檔個股。

但後來開始出現下列幾個問題：

1. **買開盤價的優缺點**：台股的開盤大部分都是以前一天晚上美股收市的行情為依據，如果美股收高，當天大部分的股價會開高，於是容易買在當天的相對高點，但如果前一天美股收低，買開盤價也會買到較低的價格

2. **用收盤價做當日沖銷**：由於客戶選擇的大多是中小型的股票，有些股票交易規則在當時是平盤以下不能做融券賣出。如果收盤價在平盤價以下，當天買的股票會沖銷不掉，要留在帳上一天的時間，隔天才能賣出，所以會有需要準備好交割金的問題。客戶還必須額外去湊錢或借錢來交割，而且大部分玩當沖的人都喜歡沖最後一盤（收盤前5分鐘撮合的交易），價格常常會被最後一盤的賣壓打下來，所以並不會賣在太好的價格，有時會導致虧損。

3. **當日沖銷不會每天都賺錢**：一天賺個十萬二十萬很正常，但是虧損的時候也是如此，而且客戶並有沒保留足夠的現金部位來因應損失的問題，剛開始的2,000萬，他選擇一次全部進入市場，沒有留下任何的現金部位，所以當開始出現虧損機率大於獲利的機率時，他進

入市場的錢慢慢的剩下 1,500 萬，到 1,000 萬，甚至在 3 年後，歸零。最後的贏家只有券商，賺了很多手續費收入，而我因為客戶用網路下單，我只能賺到漂亮的業績，及微薄的獎金以外，不時的還要承受客戶因為虧損越來越多而產生的負面情緒。

在 3 年當中，客戶公司配了幾次股票，他都是用同樣的方法，同樣一直造成虧損，他一直在做同樣的事情，但卻希望有不同的結果發生。有一天我終於忍不住問他，為什麼要這樣玩股票？

他回答我：因為在科技公司工作非常辛苦，薪水都是用肝換來的，他想在股市裡快速賺到錢，用公司發的股票來錢滾錢，所以才會這樣做。我又問他：但是你這麼做的結果卻是把錢輸光，要不要考慮換個操作的方法，或許不要短線交易，因為交易費用其實佔了很大的成本，我覺得這樣比較可以在市場上穩穩的賺。他只回我一句：「嗯，我考慮看看。」

但之後依然故我，他一直是公司前十大交易量的客戶，但也是前十大虧損排名的客戶，

直到有一天，他說他要退出這個市場不玩股票了，因為他要娶老婆需要聘金跟買房子，沒有錢再玩股票了。我居然在內心替他感到開心，因為買房子對他來說會是個比投資股票更好的選擇，而且說不定他的老婆比他會理財，以後他只要專心工作就好，畢竟他每年的薪水加上配股，已經是一般人的好幾倍了，好好理財一定可以很快的就達到他想要退休的目標。

後來我發現，每年公司配給他的股票，他如果一直持有到 2008 年金融風暴前夕，竟然可以翻 6 倍，即使後來因為金融風暴下跌，也可

以賺到這當中的配股跟配息，因為他自己的那家公司在市場上的實力並不差，海嘯之後股價也都漲回海嘯前該有的水準。真是白忙一場，賠了夫人又折兵。

這算是一個比較極端的例子，因為大部分的人在遇到投資結果不如預期的時候會想要去學習更有效的方法，或是先離場觀望，但我的這位客戶忙於工作，每天就用同樣的投資方式想要獲得不同的結果，得到了這樣的結局。

這個故事告訴我們，很會賺錢有很多收入的人，未必對於理財及投資就會很在行，包括當時還是菜鳥的我，每個月只能看著他虧損連連，但就是束手無策，不知道用什麼來說服他，或是教他一點什麼方法，因為我自己對理財也還根本不懂，每天就只把注意力放在開發客戶，讓客戶下單，賺取業績獎金上。在我手上所有操作短線的客戶，結局都不是太好，光是手續費就繳給券商不少錢，而且大部分的人手邊都還有工作要做，沒辦法非常專注的看盤，就算專職的投資人，短線進出的勝率普遍來說都不高，所以短線進出真的不是一個好的投資方式。

## ♟ 一個 K 線控的省思：用基本面的思維比較好

在股市當營業員的這幾年，因為自己天天都跟盤面貼的很近，每天早上也要聽公司報告總經以及台股的走勢，然後再分享給客戶。漸漸的，我從一個什麼都不懂的菜鳥，變成學會看 K 線圖做短線進出的老鳥，也可以在客戶打電話來詢問我對個股的看法時，把 K 線調出來淘淘不絕的對客戶說上十幾分鐘。為什麼技術分析如此迷人的原因就是在於，它可以在學習後立刻看到成果，學會看 K 線組合，學會看買

進賣出點，就可以短線賺到錢，簡單來說我就是個K線控，什麼都別跟我多說，一切以線型為主。

我最常掛在嘴邊的一句話就是：「我才不會跟股票談戀愛呢……看什麼基本面跟財報啊，我今天買了明天就打算要賣掉它了，看這麼多幹嘛？」

客戶也會非常熱心的分享他們在市場上聽到的訊息，我覺得有機會賺短線的個股，就調K線圖出來看一下，短線對它做個買賣，賺個價差，常常喝下午茶的錢就有了，好一點的話甚至可以買個名牌包都不是問題。客戶當沖也都賺錢，我也賺到業績，每天收盤後就跟客戶去喝下午茶，唱歌喝酒，自己玩到有一種說不出來的浮誇感，覺得腳好像沒有踩在地上的那種很不踏實的感覺。沉醉在一種「紙醉金迷」的世界裡，因為一切來的實在太快也太順利了。到2007年中台股在最高點來到9,800多點，每天的成交量有3,000多億，交頭非常熱絡，客戶有的很大方還會分紅請吃飯，而我自己在盤面上也有賺到錢。賺多少花多少，錢來的太容易，讓我完全失去警戒心。忘記這種情況不可能會長久持續下去，以為股市天天都是好日，年年是好年，天天都可以賺到錢，根本沒有想到要把錢存起來，有多的錢也是再投入股市。

但是在這個時候，一個非常特殊的事件發生了，有一位在帳面上股票庫存市值將近十億的客戶，開始在賣他的股票，而且出脫的是當時算夯的航運類股，還有一些權值股，而且賣股的比重，佔他總庫存快三分之一。這個客戶我從沒有見過面，在我接手之後他也從沒下過單，但就在那個我認為天天是好日，年年是好年的瘋狂日子裡，他開始賣股了……。

## 股市沒有天天過年的

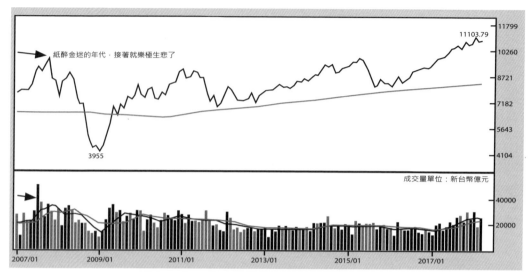

紙醉金迷的年代，接著就樂極生悲了

11103.79

3955

成交量單位：新台幣億元

2007/01　　2009/01　　2011/01　　2013/01　　2015/01　　2017/01

資料來源：富邦 e01

　　2007年底我因為懷了大兒子，準備買房子，台股出現了第一波殺融資的斷頭潮，而我運氣非常好的遇到一位也是股票被斷頭急需要錢的賣方屋主，所以用很低的價格買了他的房子，也因此我把錢全數從股市撤出來。雖然也是虧損，但至少本金都還在。

　　平常也沒有什麼理財規畫，買房的錢就是投資的錢，我的金錢並沒有用理財目標去分類，也就是全部混在一起，所以到了有買房的機會出現，我只能賣股把錢拿去買房子了，雖然我很想要把錢繼續留在股市裡，但這買房的決定，後來卻救了我一命。

　　在2008年5月馬英九前總統就職之前，我開始請產假，客戶也大多因為我請假，而把股票賣出，我還記得520那天，全市場因為馬英九就職，對股市感到希望無窮，但客戶準備等我做完月子回來再大幹一場，所以他們全部都出在台股的相對高九千多點的位置，直到七月我放完產假回到公司時，大盤已經跌到七千點的位置。我一回到崗位

上，客戶紛紛說我產假請的好啊……讓他們都賣在高點，9,000點到7,000點的跌幅已經有20％，所以我們又開始做短線的進出，以為可以像之前一樣這樣天天賺錢。

後來發現市場怪怪的，沒有像之前那麼容易賺到價差，而我自己也因為錢都拿去買房子，所以沒有錢再投入股市。不過客戶開始在盤面上賺不到錢，直到中秋節烤完肉放完假回來，雷曼兄弟（Lenman Brothers Holdings Inc）倒閉了，迎面而來的是一場超級金融海嘯。接著開始過著天天打電話追著客戶補融資維持率的日子，每天開盤就是跌停，客戶想要停損出場都沒辦法，因為股票根本沒有人要接手，有些客戶是有錢補到沒錢，券商要強制賣出股票都還賣不掉的慘況。到最後股票被券商賣掉了，但客戶不但拿不回本金，因為超額損失，已經跌到券商借給他們的錢，所以還必須要補錢給券商。

我就有一位客戶從賺4億到倒輸2億，也是融資的關係，因此市場上有許多違約交割的案例出現，還有許多糾紛也在銀行端，以及保險端出現。因為有太多客戶買到雷曼的連動債，我甚至有聽到台中有理專需要跑路的，而保險端則是因為投資型保單的績效出現大幅的虧損，在賣這樣的商品時也沒有告知客戶會有的風險在哪裡，於是出現了一堆客訴，金管會開始採取了很多動作，針對金融業在銷售金融商品的過程中應有的規範及做法，還有客戶該簽屬什麼樣的風險預告書等等的，做出一系列嚴格的規定。

有一天，大盤指數來到3,955點，我發現一件平常從來沒見過的事，就是來公司看盤的現場客戶都不見了，只剩下營業員跟主管，營業櫃台裡的人比櫃台外的人多。最神奇的是，那位在2007年中賣掉三

分之一持股的客戶，他・又・開・始・買・股・票・了。因為他是
網路下單，所以我根本無法接觸到這位神秘的客戶，我還以為他下錯
單了，在那個時候大部分的人都怕的要命，怎麼還有人敢出來買股票，
後來才發現這就是巴菲特所說的「別人恐懼我貪婪，人棄我取」的最佳
示範啊……難怪他的資產可以累積到這麼多，比較可惜的是我一直沒
機會見到那位客戶的真面目，也沒機會和他聊上二句，否則一定可以
從他的身上學到更多。

　　後來因為先生到外資機構去上班，我們才開始接觸機構法人的
投資邏輯是什麼樣？他們會從什麼角度？用什麼方法來決定要買或賣
一檔標的？

　　基本分析是他們做投資決策的依歸，以前我總是覺得基本分析
好麻煩，要看這麼多資料，要懂這麼多數據，也太累了吧。但事實證
明，沒有基本分析的投資，叫做碰運氣，技術分析不是不好，而是
應該在有一個完整且良好的基本分析基礎下，找出一好的個股，然
後再用技術分析去決定買賣點，而不是天天看著線型進出股市。短線
進出能賺錢是你的運氣好，因為是市場在多頭的趨勢，閉著眼睛買都
能賺，但不代表空頭來臨時你可以全身而退，如果你的買和賣一檔個
股沒有任何決策理論依據，也沒有去研究這家公司的基本面，當市
場出現大波動的時候，甚至會被自己的恐懼給嚇死，進而做出不明
智的舉動。

　　最近這幾年，市場上流行「存股」，以前老一輩的人因為利息
高，很愛存定存，但是後來低利率時代，大家轉而把資金拿去買儲蓄
險或者是找高配息的股票來買。而存股其實是好的，但是現在市面上
所有在講存股的書籍，都是在金融海嘯之後出現的，也就是「存股」

這件事，並沒有經歷過一次大空頭的考驗。而什麼是「存股」呢？就是找到一檔股票價格低於它應有的價值，然後在股價便宜的時候買進它，只買不賣，也就是傳說中的 Buy and Hold（券商的營業員最怕遇到這種客戶，因為沒業績可以賺）之後靠該檔股票每年的配股配息來過生活。

OK，現在問題來了。如果這筆本金是退休用的，那是非常適合的，畢竟拿每年配的股利來花用，是非常愜意的。但是，如果這筆錢是要用來買房，或者是子女的教育金，以及其它用途，那可就要注意一件事情了，萬一在本金要用的時候，剛好遇到市場下跌，你又不得不賣，這時候賣出一定會遇到本金虧損的問題，而你領的利息可能都還不夠賠，所以我個人認為存股之前，你必需先搞清楚這筆錢的用途，如果是長期用不到的，才來考慮存股。

接著要告訴你的是，不要想每年打敗大盤績效，因為股市是無法預測的，我們只能用策略去取代預測。

## 巴菲特並非年年打敗大盤：對投報率請不要有太多的幻想

不要再預測市場了，你該注重的是你能承受多少風險？

我服務過真正賺錢的大戶們，一年只要有5%的報酬率，他們就非常開心了，每次在跟他們介紹金融商品時，講了一堆銷售話術，總是好的說比較多，壞的提到比較少，但讓我印象最深刻的是有一個資產部位也是好幾十億的客戶問我：「這些好的你都不用多說，你只要告訴我最壞的情況是什麼？我如果可以接受，那麼就承做吧。」

而我先生在金融業大部分服務的也都是以法人為主，他們也大都

是以年年賺5%為主要的目標。但那是因為法人跟高資產客戶的本金龐大，5%所衍生出來的報酬，對一般人來說就是一筆很大的數目了。而一般本金較小的投資人，除了穩定的報酬之外，也可以將總體部位的20%放在較有成長性的產業及個股，賺取波段價差。所以存股我個人認為比較適合年紀大的投資人，因為以賺取配息跟保護本金為主，但是較年輕的投資人，可以在穩健的基礎上嘗試一點成長股的投資，對整體資產的成長才會有更顯著的效果。

過去的金融大事件，接觸投資較久的朋友很有感覺，但剛進入市場的人可能比較沒有感覺，目前全球市場從2008年次貸危機以來，全球股市持續走高，除了2000年網路科技泡沫與2008年次貸危機，其他事件只能算是小菜一碟，但為何市場會震盪？我認為問題出在「人」，對於市場過度貪婪與恐慌，這就是人性，在投資前先建立必要的良好觀念，地球上沒有人可以預測未來發展會如何，大部分所有的分析都是基於過去所發生的資訊來做預測，不管是基本面分析還是技術面分析都是利用過去的數據來做整理歸納，再透過相關比較來做出預測。每年都有12個月分，每年所公布的資訊周期都恆常固定，唯一變動因子是什麼呢？

我覺得最大的不可預測就是「人」，在每個時期，面對同樣的問題是否會做同樣的反應與動作，這真的是相當難預測的。因此我得到一個簡單的結論，唯有透過更廣泛的市場投資配置才能避免落入無窮無盡的追逐與心理壓力。這並不是畏戰，而是認知到自己在市場當中是有多麼的渺小，我不知明年股市是收紅收黑，也無法預測未來幾年會不會再次發生金融海嘯，但可以確定一件事情，就是必須實踐的是自己的理財目標，而不是單年漂亮的投資報酬率，我最常問客戶的問

題就是：你要的是漲停還是漲不停？你要的是賺一次只能吃三年？還是年年有錢穩穩賺？

　　就如同巴菲特，他已經是全世界公認的股神了，但他的績效也沒有年年打敗大盤。從 1965 年到現，有 11 年沒有打敗大盤。但是可以發現一件事，當他發生虧損時，跌得也比大盤少。這就是他致勝的關鍵所在。虧的時候少虧，賺的時候大賺，長期累積下來獲利自然是很可觀。

**巴菲特也不是年年打敗大盤，不過在市場跌時，他一向賠的少，因此成功的投資人，要先求少賠。**

| 年份 | 巴菲特 | S&P500 | 是否打敗大盤 | 年份 | 巴菲特 | S&P500 | 是否打敗大盤 |
|---|---|---|---|---|---|---|---|
| 1965 | 23.8 | 10 | 是 | 1992 | 20.3 | 7.6 | 是 |
| 1966 | 20.3 | -11.7 | 是 | 1993 | 14.3 | 10.1 | 是 |
| 1967 | 11 | 30.9 | 否 | 1994 | 13.9 | 1.3 | 是 |
| 1968 | 19 | 11 | 是 | 1995 | 43.1 | 37.6 | 是 |
| 1969 | 16.2 | -8.4 | 是 | 1996 | 31.8 | 23 | 是 |
| 1970 | 12 | 3.9 | 是 | 1997 | 34.1 | 33.4 | 是 |
| 1971 | 16.4 | 14.6 | 是 | 1998 | 48.3 | 28.6 | 是 |
| 1972 | 21.7 | 18.9 | 是 | 1999 | 0.5 | 21 | 否 |
| 1973 | 4.7 | -14.8 | 是 | 2000 | 6.5 | -9.1 | 是 |
| 1974 | 5.5 | -26.4 | 是 | 2001 | -6.2 | -11.9 | 是 |
| 1975 | 21.9 | 37.2 | 否 | 2002 | 10 | -22.1 | 是 |
| 1976 | 59.3 | 23.6 | 是 | 2003 | 21 | 28.7 | 否 |
| 1977 | 31.9 | -7.4 | 是 | 2004 | 10.5 | 10.9 | 否 |
| 1978 | 24 | 6.4 | 是 | 2005 | 6.4 | 4.9 | 是 |
| 1979 | 35.7 | 18.2 | 是 | 2006 | 18.4 | 15.8 | 是 |
| 1980 | 19.3 | 32.3 | 否 | 2007 | 11 | 5.5 | 是 |
| 1981 | 31.4 | -5 | 是 | 2008 | -9.6 | -37 | 是 |
| 1982 | 40 | 21.4 | 是 | 2009 | 19.8 | 23.45 | 否 |
| 1983 | 32.3 | 22.4 | 是 | 2010 | 13 | 12.78 | 是 |
| 1984 | 13.6 | 6.1 | 是 | 2011 | 4.6 | 2.1 | 是 |
| 1985 | 48.2 | 31.6 | 是 | 2012 | 14.4 | 16 | 否 |
| 1986 | 26.1 | 18.6 | 是 | 2013 | 18.2 | 32.4 | 否 |
| 1987 | 19.5 | 5.1 | 是 | 2014 | 8.3 | 13.7 | 否 |
| 1988 | 20.1 | 16.6 | 是 | 2015 | 6.4 | 1.4 | 是 |
| 1989 | 44.4 | 31.7 | 是 | 2016 | 10.7 | 12 | 否 |
| 1990 | 7.4 | -3.1 | 是 | 2017 | 23 | 21.8 | 是 |
| 1991 | 39.6 | 30.5 | 是 | | | | |

資料來源：波克夏年報

## 🏰 結合財務規畫的投資系統：讓你的資產增加，而不是風險增加

經過前面的幾個例子解說，相信你現在一定很清楚在投資之前，你應該要做好的是理財，做好你的財務規畫，把每一分錢放在對的位置，為你產生最大的效益，來看看二張圖，告訴你到底財務有規畫和沒有規畫的差異點在哪裡？

P31上圖是財務規畫前，大部分的人終其一生的財務大樓是長這個樣子的，不知道你看這張圖的感覺是什麼？我的許多財務諮詢的個案看到這個圖，只覺得人的一生就是在解決吃喝拉撒，生老病死的問題，庸庸碌碌，像個陀螺一樣轉不停。每個月進來的收入，被生活費，房貸車貸，爸媽孝親費，子女教養費，卡費等等支出扣完之後，就所剩無幾了，有的好一點的可以有點結餘，差一點的就是收支平衡，沒有多餘的錢可以錢滾錢，再更差一點就是入不敷出，生活過的很有壓力。

理財就是理生活，如果把自己的財務大樓蓋成這個樣子，看起來岌岌可危，那麼別說要過什麼財富自由的人生了，可能連退休都不敢想。也有許多人以為要等有錢才能規畫，於是就永遠遙遙無期，我先來帶你看看另一個情況。

## 把自己的財務大樓蓋的岌岌可危，就不可能有財富自由

資料來源：綠點財務建築學苑

## 小心的財務規畫，才會有好的結果

資料來源：綠點財務建築學苑

P31下圖這個財務大樓是不是感覺井然有序多了呢？財務大樓的建構不是一天或一年就一蹴可幾的，它需要經年累月像蓋一棟房子一樣，把手邊的資源放在最合適的地方，讓你可以像圖中右上角那群人一樣，在老年時過著你想要的退休生活，甚至可以有多餘的時間陪伴家人或小孩，想出國旅遊就出國旅遊，不要終日為錢庸庸碌碌，找到自己的幸福感，以及安心的感覺。

　　圖中有一群戴安全帽的專業人士們，他們就是像我一樣的財務建築師，幫你建立有秩序的財務模式，實現你的人生夢想，也許一開始你沒有很多的錢可以把每個區塊都做起來，但財務規畫是需要動態調整的。它會隨著我們的人生階段，年齡，而有所改變，整體來說，你的財務藍圖架構如果可以在剛出社會或是剛成立家庭時就建立起來，一定讓你可以少走很多冤枉路，少花許多不必要的冤枉錢。

　　前面兩個圖的差異就只在「規畫」二字，有了初步的規畫，未來你在投資上就不會有後顧之憂，也不會因為任何突發的情況而打壞投資計畫，因為每一分錢都在它該在的位置上為你發揮最大的效益。

　　了解完財務有沒有規畫的差異之後，我要再帶你看一個「財富水池」三大管理的概念，你可以把你個人或是家庭裡所有的錢（財富）當成是一個水池來看，我們終其一生忙忙碌碌，就是想要讓財富水池裡的水位越高越好。

## 良好的收支管理可以讓財富水池的水位越來越高

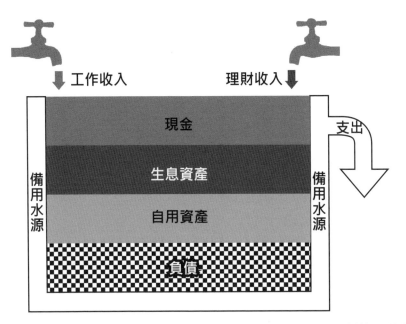

資料來源：綠點財務建築學苑

　　而要讓水位越來越高，每個財富水池都會有二道入水口，第一道是我們每個人或是每個家庭，每個月都會有的「工作收入」，每個月的收入進到水池之後，並沒有辦法全部留在水池裡，因為家庭或個人都會有支出，想要讓池子裡的水位越來越高，不外乎就是開源跟節流。在工作收入的開發上我也鼓勵你，可以增加各種不同的技能，畢竟未來的人不會只靠一份薪水過日子，最近很流行的「斜槓青年」的概念就是這個道理，這世界已經變的和過去那種只待在一家公司到老的時代不同了。

　　會開源了以後更要能節流，這就是三大管理中的「收支管理」，目的就是為了讓每個月留在水池裡的水可以越來越多，預算的編列很重要，記帳反而是其次，有許多人記帳記了老半天，還是沒有存下

錢，頂多知道錢花到哪裡去而已，因為只做了半套，所以要用有效的收支管理方法，必須要做好預算編列。

透過有效的收支管理之後，財富水池的現金水位會越來越高，這時候大部分的台灣人（或是亞洲人）會想要買房或買車等「自用資產」，於是會產生房貸或車貸這樣的負債，在以前總覺得有一間屬於自己的房子是好的，但是這幾年的房價高漲，持有房子的成本變的很高，每年也會有地價稅及房屋稅要繳，未來台灣的人口數也趨向老年化及少子化，房子的需求量下降的話，房價自然上不去，所以我認為反而現在應該把火力集中在把「生息資產」的部位養大。

至於要不要買房，完全看個人的想法及目標而定，如何決定是否買房？我錄製了一個影片，你可以掃描下面的QR CODE索取觀看。

生息資產的部位可以是買房來收租，買股票收股息，買配息型的基金賺取配息……等投資，這時候會產生第二道財富水池的入水口，也就是「理財收入」。我們這輩子在財務上的功課就是讓「理財收入」大於「支出」，那麼你就可以達到初步的財富自由了。達到這個狀態，即使沒有工作收入這道入水口也沒有關係，不會影響到生活，而這就是第二大管理：「投資管理」，前面章節舉的那些例子，甚至包括我自己在以前，都沒有為我的財富水池做這樣的分類，而本書在後面章節會針對你的「生息資產」部位該如何配置有一個詳細的說明。

在我們的「理財收入」還沒有開發的很完整之前（也就是足夠每

年的家庭或個人支出之前），我們都必須要靠工作收入來維持開銷，但想想，人的一生中，有沒有什麼情況發生的時候是會讓工作收入中斷的呢？

我的一對一諮詢客戶最常回答的就是：

1.**失業，被裁員**：這個問題非常容易解決，只要你平常有準備好3至6個月的應急準備金，也就是3至6個月的家庭或個人支出，例如你的家庭支出是每月5萬，那麼你的應急準備金就應該至少要有15萬至30萬。這筆錢建議放在定存即可，因為它可能隨時會用到，不要拿去投資，以免要用錢的時候遇到虧損也必須賣出的問題，然後快速找到下一份工作。

2.**生病，發生意外**：這是大家都想的到，但也覺得最不會發生在自己身上的事，一個完整的財富水池，應該要有防漏機制，如果生病或是發生意外，讓我們的工作收入會中斷很長一段時間，而理財收入又還沒開發的很完善之前，勢必只能靠財富水池裡面的水位來支應家裡的開銷，甚至是醫藥費，或是需要親友的資注。理財除了是理自己的生活以外，還要能夠不造成別人的負擔，防漏機制，我稱它為「備用水源」也就是「風險管理」。

「備用水源」的功能就是在工作收入中斷而且理財收入還不夠支應家庭或個人的開銷時，會注入水源來支應家裡的各項開銷。備用水源是備而不用的概念，在平時就要準備好，等到不可控的風險發生才來準備，是來不及的。風險發生的機率雖然非常小，但是如果發生大部分都會帶來巨大的財務損失，除非你認為風險永遠不會發生，否則「備用水源」的準備是不可缺少的。但是要怎麼準備呢？這就是第三大管理：「風險管理」。

在市場上成本最低又將風險管理做好的工具，就是保險了，買保險的眉角非常多，你必須找到你的需求基準線，及找出預算，做到符合需求及符合預算的買法，才是對的。

在我替客戶做財務規畫的過程中，有滿大一部分客戶常常每年到了要繳保費的時候是他們壓力最大的時候。買了太多用不到的保險，還有一大堆人情保單，也有因為不知道怎麼投資，就拿去買儲蓄型保單或者是投資型保單，認為既可投資又有保障，等到要理賠時才發現這個沒賠那個也沒有賠。購買之前要對保險有一定的認知，並且要做好詳細的評估，才能在不可控的風險發生時，起到保護財富的作用，而且可以用符合自己預算的方式就可以做到了。

千萬不能繳保費繳到變成自己的負擔。在預算有限的情況下衡量輕重緩急，建構好你的備用水源即可。絕大部分的財務資源應該是要拿來把生息資產的部位養大，我相信我們存了老半天的「生息資產」，沒有人會想要拿來當醫藥費或是支應突然發生的風險吧？所以備用水源是不可缺少的。

備用水源在高資產家庭或是高淨值人士中，功能會較接近「資產保全」及「資產轉移」，如何節稅？如何將資產移轉給下一代，是他們需要關注的焦點。

以下用一個例子總結一下財富水池的三大管理重點：

假設單身的Ａ君每個月薪水是4萬元，建議領到薪水後，就將錢分到ABC3個帳戶裡去，分配的方法如下：

## 每月先把要存的錢存下再說

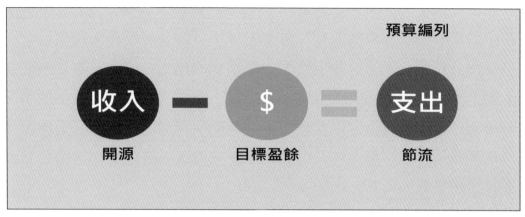

資料來源：綠點財務建築學苑

## 將收入分為 3 個帳戶，是理財的第一步

| A.每月支出 | B.年度支出 | C.理財帳戶 |
|---|---|---|
| ☐ 生活費:元/月 | ☐ 保險費:元/年 | ☐ 儲　蓄:元/年 |
| ☐ 房貸/房租:元/月 | ☐ 所得稅:元/年 | ☐ 存　款:元/月 |
| ☐ 教育費:元/月 | ☐ 燃料/牌照稅:元/年 | ☐ 投　資:元/月 |
| ☐ 孝親費:元/月 | ☐ 房屋/地價稅:元/年 | |
| | ☐ 旅遊費:元/年 | |
| ☐ 合　計:元/月 | ☐ 提　撥:元/月 | ☐ 合　計:元/月 |

資料來源：綠點財務建築學苑

　　最重要能夠存到錢的關鍵在於：先將要存的錢扣除給 C 帳戶，這也是先支付給自己的概念，剩下的才來分配給 A 及 B 帳戶

1.**收支管理**：這是理財的第一步，

下面說明 ABC3 個帳戶分別代表的意義：

A帳戶：月支出的概念，也就是帳戶裡的錢一個月會歸零一次（食衣住行，房租，房貸，孝親費，子女教育費……等固定支出），這個帳戶最重要的是預算的編列，最常出現不可控且容易爆衝的項目就在娛樂費及雜費。先將這些項目做一個預算的編列，例如：本月娛樂費上限3,000元，那麼再搭配記帳的方式，你就可以知道是否這個項目有超支。現在手機支付以及信用卡消費都很普遍，記帳是為了讓你知道在某個項目的預算，以及已經花了多少出去，讓自己在快要花到上限時能踩煞車。

例：A君每月固定支出是1萬7,000元，娛樂交際上限3,000元。所以A帳戶存入2萬元。

B帳戶：年支出的概念，也就是帳戶裡的錢一年歸零一次（旅遊，進修，紅白包，所有的稅，年繳的保險費），雖然是年支出的概念，但一樣每個月要撥錢進入這個戶頭，才不會到了要繳保費或是繳稅的時候遇到沒有錢繳的窘境。

例：A君整年度所有的費用加總是12萬。所以每月要撥1萬元給B帳戶，到年底時，這個帳戶會自動歸零，所有年繳的費用可以辦理自動轉帳扣款，該扣款的時間會自動扣款，例如保費用帳戶授權轉帳繳費，保險公司還會有保費1%的繳費折扣。

C帳戶：理財帳戶，可以是現金的型式存在（裡面包含你的3至6個月緊急備用金），也可以部分是金融商品的型式，也就是財富水池裡的「生息資產」，所以它是你未來財富的入口，每個月薪水或是收入進來的時候，要分配給這3個帳戶時，你就知道要對哪個帳戶好一點了吧？

例：A君每月先強制自己存1萬元到C帳戶，剩下的3萬元分配給A及B帳戶。

如果在月底發現A帳戶還有多餘的錢，代表本月開銷控管的不錯，聰明的你知道要怎麼處理多出來的錢了吧？千萬不要覺得自己整個月過的很辛苦，然後一看到戶頭有剩下的錢就拿去吃大餐給花光，犒賞自己。如果你在編列預算的時候，就替自己拿捏好，不要太鬆也不要太嚴格，以自己能做到最舒適的感覺為原則，因為理財跟減肥一樣，是一輩子的事，如果一時太嚴格，無法長久執行，那也是沒有用的。

2.**投資管理**：做投資要能賺錢不外乎四個字，而且它放諸四海皆準，就是「低買高賣」，但人們常常就是做不到，因為人性，因為恐懼與貪婪，因為不知道該如何管理自己的投資部位，人人都知道低檔要買進，高檔要賣出，但是買多少？分幾次買？標的怎麼挑？怎麼置換表現不好的金融產品？哪裡算高？哪裡算低？這留待第二章會詳細說明

3.**風險管理**：為了讓財富水池不要在遇到突發狀況時漏水，我們可以花一點成本來建構自己的「備用水源」，備用水源的準備可大可小，要針對個人或家庭的人生階段做設計及規畫，在符合需求符合預算的情況下，衡量輕重緩急，幾個要點如下：

（1）**先買大人，後買小孩**：大人是家庭的經濟支柱，如果大人因故收入中斷，保險的理賠可以替我們支應家裡的開銷，讓孩子生活無虞。

（2）**預算不允許的情況下，意外險及定期型的重大疾病險優先**

**考慮**，有些產險公司的意外型產品保費便宜保障範圍廣，是在預算有限的情況下的好選擇。單身者以照顧好自己，不成為家人負擔為前提來規畫。

（3）**買定期險或是終身險取決預算及需求**：這裡舉一個例子讓你了解保險費率的特色，同樣是保額100萬，卻有3種費率，假設分別是：

＊年繳10萬

＊年繳3萬

＊年繳5,000元

為什麼會有這樣的差別呢？簡單的區分方式：

第一種年繳10萬，繳20年，終身有效，且身故有返還所繳保費。（像是買信義區豪宅的概念，一次到位，但要花較多的費用）

第二種年繳3萬，繳20年，終身有效，但身故沒有返還所繳保費。（像是買郊區房子的概念，預算不夠，退而求其次）

第三種年繳5,000元，繳納的這20年當中有效，沒繳之後就沒有保障，也不會返還所繳保費。（像是租房子的概念，先求有再求好）

那麼到底要買哪種好呢？其實答案是怎麼買都對，但也怎麼買都錯。在買之前如果可以做到詳細的分析及需求的了解，拉出你的備用水源基準線之後，再搭配手邊現有的保單一看，你就會知道你買太多還是買不夠或是買剛好了。可以把買太多的部分調整掉，多出來的錢去補買不夠的部分。避免發生遇到要理賠的時候才知道自己買錯保

單的窘境。

關於家庭保險配置該如何做？我錄製了一個影片，你可以掃描下面的QR CODE索取觀看。

只要做好以上3種管理，你的財務藍圖基本上已經完成了至少8成。

最後，你只要做好每年的年度檢視，看看資產的成長幅度是否符合預期，投資部位的動態再平衡以及家庭是否有新增的成員需要做新的計劃等等，根據人生階段的不同做好動態調整，就可以百分之百的做好你的財務藍圖並且一步一步實踐你心目中理想的財務大樓了。

記住，財務規畫是一個長期的過程，而不是買一個金融商品這麼簡單的概念，它可以有效率地讓你的財富增長，它是一個戰略。至於要用什麼金融工具，那就只是戰術了。

# Chapter 2　投資不斷頭的財務規畫

　　我相信80％的人都會覺得自己缺錢，收入不夠的時候，想要買房買車，想要環遊世界，想讓生活品質再好一點。但是在這個萬物都漲只有薪水不漲的年代，看看自己的戶頭，錢不夠多，雖然日子也照常在過，但多少對未來會有點迷茫，等到收入變多，還是覺得錢永遠不夠用，就算存到了錢也不知道怎麼讓錢滾錢。投資聽起來又充滿風險，但是又有通貨膨脹這些因素緊追在後，無形中讓我們的辛苦賺來的錢一直在縮水，其實我們對錢的這些焦慮，並不來自於錢的本身，而是因為缺乏對錢的掌控感。

## 💡 如何決定你的理財目標

　　那我們到底要怎麼處理和錢之間的關係呢？理財投資是一個非常重要的技能，但是很有可能你用的是錯誤的投資理財方法。我最常被問到的幾個問題不外乎就是：

有什麼好的金融商品可以推薦給我嗎？

這個產品的報酬率高嗎？

買這檔股票來配息好嗎？

但這些都是本末倒置的問題，就像是還沒全身健康檢查，就拚命問醫生，吃這個藥效果如何？那種藥能不能吃？是一樣的道理。對於理財這件事，我們應該要先做的是：

對自己的財務狀況做一個全盤的了解和規畫，再來才是金融產品的選擇和投資。表面上看，理財投資是在我們用錢賺錢，但實際上是根據你的自身情況在不同的人生階段，選擇不同的理財目標，所以你可以先問自己一個問題：

想想 5 年後的你，會做些什麼？過著什麼樣的生活？你眼中那時候的自己，會和現在有很大的差別嗎？ 5 年的時間長度足以為我們的人生，工作事業，財富狀況，帶來截然不同的變化，

所以開啟理財投資的第一步，是根據我們自身的情況和預期，明確財務目標，有了一個清晰的目標，我們才能更有方向的利用手邊的財務資源，更快的達成我們的財務目標。我們的人生階段以及風險承受度有著很大的關係，一般來說：我們可以把人生大致分為 4 個階段：

## 階段 1：單身期，這個階段的理財重點著重在「成長」

在這個時期，收入較少，對我們而言，投資自己反而是更重要的，同時搭配有效的儲蓄方式，在這個階段不用擔心太多生活上的負擔問題，屬於一人飽全家飽，所以可以承擔較大風險。

### 階段 2：成家立業期，這個階段著重在「克制」

這個時期買房，買車，子女教育，等等需求都是必須要的，沒什麼彈性空間，經濟壓力負擔會比較大一些，這個時期要克制自己的支出以及一些比較激進的投資行為。像我剛結婚的時候，消費習慣還是跟單身時一樣，愛花就花，以致於後來買房，孩子都出生之後，經過一段很長的陣痛期，才把習慣導正，學會克制。

### 階段 3：子女離巢期，這個階段著重在「穩健」

子女長大後，無論是工作或是家庭支出都少了許多壓力，為退休養老做準備，這個時期穩健投資更重要。

### 階段 4：退休，這個階段著重在「守成」

守住已有的財富，可以更無顧慮的生活，投資上要更保守。

年輕時壓力小，可以做一些較高風險的投資，但隨著年齡及責任的增加，此時穩健保守更重要一點，你可以先想想現在自己處於人生的什麼階段，因為財務目標是會隨著年齡做動態調整的。

現在你已經了解你的財富水池裡頭會有哪些成分，也了解你日常的ＡＢＣ帳戶該如何分配了，而Ｃ帳戶也就是儲蓄帳戶，它是我們未來通往財富自由的入口，所以本章會用整章的篇幅來告訴你要如何有效率的安排Ｃ帳戶裡面的錢。讓它可以為你錢生錢，創造理財收入，早日達到財富自由，不用靠工作收入也可以維持家庭或個人的生活開銷。

Ｃ帳戶裡，我的建議是在存到50萬元之前，不要做任何的投資。

唯一要做的就是投資自己多學習一些財務管理，投資理財的課程，建立正確的觀念及心態，進場之後才能理性的看待資產價格的波動。

在存錢的同時，也可以將 C 帳戶再劃分為「短期（3 年）內要用的錢」以及「長期用不到的錢」

短期（3 年）內要用的錢（滿足短期財務目標）：

例如：結婚基金，買房頭期款，出國留學費用，上課培訓費用，旅遊基金……等，是在 3 年內就會預備要用到的款項，

因為短期內就會用到，建議放在波動較小的金融商品，例如：投資等級債券基金。

在我諮詢的個案當中，最常見的就是提前規畫好的支出預算或者儲蓄計畫，常常會被一些突發性的旅遊支出或是娛樂費用，自我進修的費用等大額的支出給打斷，這些時不時就會冒出來在短期內就會需要用到的支出，我們可以把它們都單獨的規畫到這個短期財務目標裡面，這是為了滿足我們生活中大大小小的目標而存在的。

長期用不到的錢（閒錢）：

<u>沒有特別的目標用途，純粹是拿來做增值用的，它可以是以後的養老金或是未來子女的大學教育金等等。</u>

因為是比較長期以後才會用到的錢，所以適合拿來投資一些波動較大的商品，例如：全球型的 ETF，或是股票型基金，存高殖利率的股票等等。也因為有較長的時間複利增值，可以靠時間來緩衝投資上的波動風險。另外，用閒錢來投資，可以讓我們的心態更游刃有餘，

就算短期有虧損，也不至於有太大的心理負擔

　　現在我們就一起來設定你的財務目標吧！

**步驟一：寫下你最近3到5年的人生願望，並且在旁邊寫下完成它需要花多少錢？**（以一個37歲的職場婦女來舉例）

　　例如：每年讀100本書，需要3萬／年，9萬／3年

　　　　　請私人健身教練，需要3萬／年，9萬／3年

　　　　　40歲前一家四口杜拜旅遊60萬（共需要78萬）

　　　　　列完目標你是感到希望無窮還是希望渺茫呢？

　　　　　別擔心，我們再繼續看下去。

**步驟二：列出為了達成這些財務目標，你所做的財務準備有哪些？**

　　做預算編列了嗎？有沒有儲蓄（節流）的計畫或是升職加薪（開源）的方案？

　　是否針對某個願望已經開始做投資儲蓄？要去旅行的話是否已經幫自己規畫了基本的風險保障？

**步驟三：粗估你目前的財務狀況和財富成長速度，能否讓目標完成？**

　　假設每年家庭年結餘目前可以存到20萬，到40歲之前還有3年，共可存到60萬，針對還有18萬的缺口，該用什麼方法及工具來補齊？

**步驟四：經過計算，發現理想與現實間的差距該怎麼辦？**

財富成長的3大要素：時間，本金，報酬率。解決方案來自這3大要素：

提升報酬率：對於都把錢放在定存或是活存的人來說，是否考慮開始投資，增加報酬率，或者是目前的投資績效不如預期，要不要開始學習投資管理？

延長目標達成的時間：是否針對現在的目標訂定的達成期限太嚴格了，必須搭配手邊的資源一起來看看達成時間的可能性。

提高本金：是要提高儲蓄率還是提高收入？如果要提高收入，要怎樣有效提高呢？

目標的設定同時也需要合理，如果目標設定的太高，那只會讓人有挫折感而不願意執行下去。

**步驟五：寫下根據目前理想與現實的差距**

你會如何規畫你的ＡＢＣ帳戶，每個月分配給Ｃ帳戶的比例是多少？你要怎麼做好管理呢？提早開始做理財規畫，從你自己的目標出發，制定方案，才能實現財務目標。

## 🏰 如何決定你的投資比重

投資這件事，是沒有一個標準答案的，每個人對風險承受度的認知以及風險的承受能力，都大不相同，而且投資市場的熱點跟主題，也是不停的在變化的，所以投資沒有絕對的萬無一失。與其在投資中找神話，不如做好資產配置，找到最適合你自己的投資比重，符合你的需求及目標，並且可以一直動態調整的方法。

資產配置可以分為廣義和狹義來看。

廣義的資產配置：為你的家庭整體資產做好配置，從這個角度來看，你需要從風險承受度來搭配不同資產，例如：預留現金，購買保險（備用水源），安排儲蓄的目標等等。

狹義的資產配置：是聚焦在投資部位的本身，利用策略幫我們在提高收益的同時降低風險，有一句老話說：「不要把雞蛋放在同一個籃子裡」。但是分散買很多種金融商品就叫做資產配置了嗎？不一定，我曾經看過有客戶的股票庫存明細，他為了分散風險，買了許多大型的權值股，集中在金融跟電子，幾乎每檔股票就只買一張，但是後來仔細一看，還不如直接買「台灣50」（0050 ETF），因為他做的不是資產配置，他的資金大多還是集中在股票，充其量只能說是「分散」。

要做到真正的資產配置，你投資的商品必須是低度相關的*，例如：A資產上漲10％，B資產就會下跌10％，二者完全呈現負相關，把二個資產組合在一起，可以得到一個幾乎沒有波動的投資組合。但是在現實情況中，很難找到完全負相關的資產，但是當我們選擇相關性小甚至是負相關的資產時，就能降低整體資產部位的波動風險。

下表中的數字為負的代表負相關，你可以發現花旗全球公債指數與台灣加權指數就是負相關，意思就是債券與股票是負相關的。

*註\*：「相關係數」一個是介於-1到+1的值，用來了解兩個資產價格之間的連動程度，若A、B資產的相關係數為負數，表示當A價格上漲，B價格就有可能下跌；反之，相關係數的值愈高，表示齊漲齊跌的機會愈高。資料來源：復華金管家*

## 各種投資工具的相關性

| Name | JPMorgan新興市場債券指數G | MSCI 世界指數 | 全球REITs指數 | 花旗美國高收益市場指數 | 花旗全球公債指數 | 台灣加權股價 | 路透CRB指數 |
|---|---|---|---|---|---|---|---|
| JPMorgan新興市場債券指數G | -- | -- | -- | -- | -- | -- | -- |
| MSCI 世界指數 | 0.55 | -- | -- | -- | -- | -- | -- |
| 全球REITs指數 | 0.62 | 0.68 | -- | -- | -- | -- | -- |
| 花旗美國高收益市場指數 | 0.66 | 0.66 | 0.47 | -- | -- | -- | -- |
| 花旗全球公債指數 | 0.34 | -0.1 | 0.33 | -0.08 | -- | -- | -- |
| 台灣加權股價 | 0.54 | 0.67 | 0.45 | 0.48 | -0.05 | -- | -- |
| 路透CRB指數 | 0.33 | 0.45 | 0.28 | 0.59 | 0.03 | 0.42 | -- |

計算日期：2017/03/23 到 2018/03/23

　　最常見的一個配置方法是巴菲特Warren Edward Buffett的老師班傑明‧葛拉漢（Ben Graham）所推崇的：50％股票搭配50％債券，就是利用了股票和債券相關性低的特性。

　　再來就是利用經濟週期來增加投資報酬率，不同的經濟週期中各類資產的表現也都不一樣，現在帶你來了解一下什麼是經濟週期，又該如何判斷？

　　這裡有一個美林投資時鐘的理論，首先你要先懂二個指標：

## 1.GDP（gross domestic product）的縮寫

　　是指經濟社會（即一個國家或地區）在一定時期內運用生產要素所生產的全部最終產品（產品和服務）的市場價值。也就是國內生產總值。這是一個總額的概念，但媒體上常講的是經濟成長率，也就是GDP成長的速度的意思。

## 2.CPI 消費者物價指數

在經濟學上，是反映與居民生活有關的產品及勞務價格統計出來的物價變動指標，以百分比變化為表達形式。

它是衡量通貨膨脹的主要指標之一。一般定義超過3％為溫和通貨膨脹，超過5％就是比較嚴重的通貨膨脹。一個成長中經濟體通常會伴隨著通貨膨脹的成長。

媒體上講的也常常是增速，也就是成長率的概念。例如：牛肉價格去年100元／斤，今年要101元／斤，通貨膨脹率就是1％。

GDP跟CPI的高跟低，可以有4種不同的排列組合，因為會產生4種經濟週期的樣態；

復甦期：經濟成長率高，通貨膨脹率低，這是經濟最好的狀態

過熱期：經濟成長率高，通貨膨脹率高，這是過度繁榮的狀態

停滯期：經濟成長率低，通貨膨脹率高，這是經濟的癌症，是不好的情況

衰退期：經濟成長率低，通貨膨脹率低，這是經濟從全面收縮到百業蕭條。

正常的情況下，這四個經濟週期會以一個固定的順序輪動，如P51下圖。

## 經濟周期的4種情況

復甦期：GDP高　CPI低

過熱期：GDP 高　CPI高

停滯期：GDP低　CPI高

衰退期：GDP 低　CPI低

## 美林投資時鐘理論：景氣循環階段與投資工具的選擇

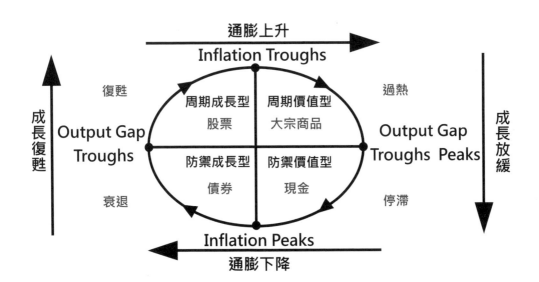

資料來源：stock feel 股感知識庫

51

橫軸代表通貨膨脹率，越往右代表通貨膨脹率變高，反之則越低。縱軸代表經濟成長率，越往上代表經濟成長復甦，反之則放緩。之所以叫做美林投資時鐘理論，是因為它是由曾經是美國最大的投資銀行之一，美林證券（現為美國銀行的美林證券）的研究員透過分析美國30年的金融市場數據所發現的。他們提出了經濟週期的結論，把經濟週期分為：復甦，過熱，停滯，衰退等4個時期，每個時期都有對應表現比較好的資產。

　　經濟本身就是一個很複雜的系統，我們從復甦期開始看，在這個時期，經濟成長率高，由於剛剛經歷過衰退，所以物價都還在低檔，帶動企業的業績成長，所以員工的薪水及獎金也會變多，進而願意多花錢消費，物價自然就漲起來了。

　　來到過熱期，當物價漲得快，也就是通貨膨脹率高，會產生兩個影響，一是企業的成本提高了，因為需要採買原料或是進貨，都會墊高企業的成本，二是政府及央行會開始調控經濟，做降溫，把在市場上過多的熱錢收回。

　　而中央銀行的功能有兩種：一是維持經濟成長，二是控制物價。經濟成長會伴隨著物價上漲，但是如果物價漲太快，對公司及個人及整體經濟是不好的，所以透過控制錢的供給量，也就是控制在經濟體中錢的數量，來達到控制物價的效果。你可以把錢想像成流水的概念，想要對過熱的經濟降溫，收回「流動性」就是指在市場上把錢收回來；反之，如果想要刺激低迷的經濟，可以在市場上多釋放出「流動性」，意指把錢多釋放到市場上，活絡經濟。

　　當市場過熱，央行做降溫，透過升息或是調高存款準備率的手段

將錢收回,因為升息,大家會認為錢放在銀行就可以有很好的報酬率了,不用再出來亂投資冒風險,留在經濟體裡面的錢變少了,利息變高了,此時經濟成長會慢慢下滑,但是物價的回跌有一定的落後性,所以在經濟放緩的初期,物價依然可能是上漲,此時來到停滯期,這個時期被稱為經濟的癌症,因為此時的經濟成長率低,但物價又還沒回跌,會感到錢不好賺,而且物價又很高,因此各國政府都會極力去避免或是縮短這個時期。

隨著經濟成長率降低,大家在消費上會比較謹慎,因為對未來感到擔憂,於是購買力下滑,買東西的人少,物價自然會降下來,這時候正式進入衰退期。在此時,央行的目標是刺激經濟,在市場上透過降息或是調降存款準備率,讓錢流到市場上,經濟就又會慢慢成長回去,形成一個循環。

投資除了要參考現在的經濟情況,更重要的是要看看未來的經濟週期落在哪個時期,在復甦期的時候,股票顯然是最好的投資商品,投資股票賺的就是經濟成長的錢,此時只要經濟好,股票就是一個好的投資標的。而下一個週期就是過熱期,經濟依然會高成長,股票長期的走勢會得到良好的支撐。同樣在復甦期,因為短期還不太有升息的可能性,所以債券的表現不會太差,可以持有債券領利息,但是未來是過熱期,所以會有升息的可能,此時就要減少債券的持有。因為利率上升,債券價格會下跌。持有債券的時候要緊盯通貨膨脹率,觀察是否有過高的跡象,而因此帶來升息的可能。

總結:

<u>復甦期的時候,大部分的資產要配置在股票中,一點點的債券。</u>

過熱期的時候，經濟成長已經有一段時間了，持續的經濟成長會讓市場較情緒化，對於任何消息的反應都會很大，造成暴漲或暴跌。通貨膨脹率一樣在高檔，股票可以繼續持有，但是要隨時觀察市場是否有反轉的趨勢，以便隨時減碼。同時也可以持有一些大宗商品（如：能源商品，原物料，農產品等），因為熱錢到處流竄（貨幣相對貶值），會推高大宗商品的價格。此時持有債券風險較高的原因是，隨時會有升息的可能性，不建議持有債券。

　　停滯期是經濟成長率低且高物價的時期，這個時期通常是最悶的時候，股票的表現不會好。因為還在高物價，所以升息的可能性還是有，持有債券一樣可能造成虧損，此時最好的選擇就是現金為王，以不虧損為原則，等待衰退期的到來。如果你的現金在下跌的時候就賠光了，那等到景氣落底，要從谷底翻揚的時候，你手上就沒有現金可以撿便宜的好貨了。

　　衰退期的股票表現不會很好，但衰退期的末期往往是最好的時機點，例如像2008年金融海嘯之後的那一年，是最好的布局點，大部分的人在這個時期都會非常非常的悲觀。所以在這個經濟不好，通貨膨脹率又低的情況下，央行會開始釋出流動性，透過降息的手段，來刺激經濟。而債券價格會因為降息而上升，可以持有債券。在谷底之前，先不要買股票，先找到好的股票，算出它應有的價值，等到落底開始買進。

　　有人根據這樣的結論設計投資策略，但不得不說，這個策略並不是百發百中，也是會出現失靈的情況，許多經濟理論與實際的經濟運行狀況是有出入的，特別是2008年金融海嘯之後，世界各國通貨膨

脹來到低檔，儘管各國央行不斷注入新的資金進入市場，仍舊無法提高通膨率。

先前提到通膨率是經濟過熱的象徵，為何又要拉高通貨膨脹率呢？這些專家是不是頭殼壞掉了，不是的。因為2008金融海嘯後，全球金融市場遇到流動性風險，就是資金斷炊，有錢的不願意把錢借出去，沒錢的借不到錢，連許多債務很高的國家都借不到錢，例如希臘，所以更別說是企業了。因此各國央行透過一次又一次的量化寬鬆，希望拉高物價，讓企業更有意願投資以及生產商品。

而且在實際投資中，擇時本來就很難，可能連一些專業的投資人士都很難做到，即然經濟週期這麼難捉摸，那麼不如不要去預測現在是什麼經濟週期，只要50％股票＋50％債券，每年做一次動態平衡，把表現好的資產賣出，買進表現差的資產，調整到最一開始的50／50比例狀態，就可以做到被動的跟隨週期調整了。

根據美林投資時鐘這個理論，你會發現，金融商品的價格波動，往往也具有一定的週期性，股票債券漲多必跌，跌多必漲，不斷的循環。如果某一類資產漲的比較多，那麼本就該賣出一些獲利了結。而另一類資產跌的比較多的時候，很有可能價值是被低估的，適合加碼。透過這種50％股票50％債券的方法，我們不用去判斷現在處於什麼經濟情勢，也可以被動的做好順勢調整。

例如：用VT（Vanguard全世界股票ETF）50%+BND（Vangrard總體債券市場ETF）50%來看，從2008年金融海嘯之前到2018年初，年化報酬率有5.1%，最大回檔是-23%。

如果單獨持有VT的話，年化報酬率有6.4%，最大的回檔接近50%，雖然報酬率多了1%多，但是在遇到虧損的時候，帳面賠50%跟23%，心理上的感受會差很多的，降低投資組合的波動度，的確可以讓投資更安心。

## 股債均衡，在股市崩盤時，有減少虧損的作用

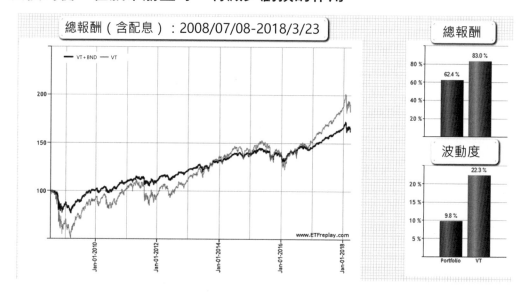

| | 年化報酬率 | Sharpe 值 | 與VT比較的相關係數 | 投資期間最大的回檔 | 從最高點計算的最大回檔 |
|---|---|---|---|---|---|
| VT50%+BND50% | +5.1% | 0.43 | +0.96 | -23.15 % | -23.19% |
| VT | +6.4% | 0.34 | | -49.16 % | -49.76% |

資料來源:ETFreplay 網站

## 🏰 分段進場的資金配比決定

在這裡會有Ａ、Ｂ二種情況：Ａ.手上完全沒有投資部位的人以及Ｂ.手上已經有投資部位的人

先來說Ａ情況

### 步驟1：決定股債配置比例

根據自己現在所處的階段，風險承受能力而定，在人生的道路上，每一個階段有不同的理財需求，所以追求的報酬率跟能承擔的風險也不同，所對應的投資計畫自然也會有差別，這裡介紹一個「年齡法則」

高風險投資部位的比例要小於100減去當下的年齡，對一般投資人來說，就是指股票或是股權類的商品，剩下的比例就是指債券類或是現金類的金融商品。

假設目前是30歲，那麼債權與股權的比例就可以是3：7，隨著年齡的上升，債權類商品的比例不斷增加，股權類商品的比例不斷下降。當進入退休階段，股權類的商品要降到最低甚至不投入。

除了年齡法則之外，你也可以依自己的個性來決定股債配置比重。

<u>保守</u>：80％債券，20％股票， 適合剛進入投資市場或是曾經投資有虧損過較害怕承擔風險的人，或是退休族群

<u>穩健</u>：50％債券，50％股票，適合40歲左右的小家庭

<u>積極</u>：30％債券，70％股票，適合剛出社會的年輕人

這是一個比較粗略的方法，你可以依照你自己的目標需求以及風險承受度再做更精緻的微調。

### 步驟2：決定進場的總部位

以50％股票＋50％債券，且資金總額是100萬為例，（如何選擇投資標的的方式留在第四章解說，這裡先說比例的配置原則）

股權類：買到滿是50萬，先視市場情況進場至少60％，也就是30萬（可以分批入場，不用一次買進），留20萬

債權類：買到滿也是50萬，視市場情況進場至少60％，也就是30萬（也是分批入場，不用一次買進），留20萬

進場的比例取決於當時的市場情況，比較積極型的投資人會認為資金閒置太久，沒有投入市場也是一種浪費與風險，甚至較積極的投資者認為不投資就是最大的風險，所以會選擇至少進場70％至80％也就是35萬至40萬的資金。

如果是從無到有的建置部位，第一次的部位（以範例來說就是30萬）建立建議分3到6個月（也就是3到6次）進場，但還是要搭配分析市場。可以看看10年線（圖中灰色線），如果該投資標的在10年線上很高的位置，市場處於相對高點的話，可以分6個月（也就是6次）慢慢進場，如果跌破10年線，市場在相對低點，可以分3個月（也就是3次）進場，趁低檔快速加碼買進。

進場的時間可以固定在一個時間，例如每個月領薪水的時候，把進場時間固定下來會比較容易執行。

## 資產的 10 年線是判斷價格便宜、昂貴的好工具（台股加權指數）

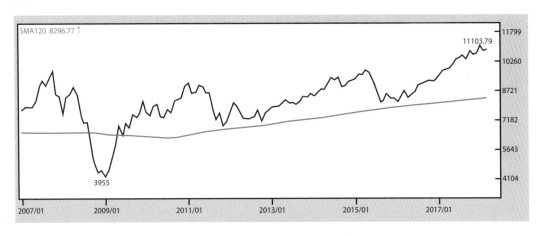

資料來源：富邦 e01

每一個類別（股或是債）的標的以不超過 3 檔為原則，方便管理。

例如：

股權類（選二檔）：

A.Vanguard 整體股市 ETF（交易所代碼：VTI）25%（美國）15 萬元

美國市場大中小型和微型股票共 3600 多檔股票，費用率僅 0.04%

B.Vanguard 全世界股票 ETF（交易所代碼：VT）25%（美國以外）15 萬元

投資全球已開發國家及新興市場國家所有的股票為標的，共 49 個國家，超過 7900 支股票，目前 55% 投資北美洲市場，35% 投資歐洲及亞太市場，費用率僅 0.11%，兩檔合計 30 萬元

債權類（選一檔）：Vanguard 長期公司債券 ETF（交易所代碼：VCLT）30 萬元

這是一檔美國長天期投資等級公司債，追蹤Barclays U.S. 10+ Year Corporate Bond Index的績效表現。該指數包含工業、公共建設、金融公司所發行的美元計價、投資等級、固定利率、應稅的證券商品，存續期間都超過10年。

從2009年11月開始到2018年初，這樣的投資組合年化報酬率為9.2%，最大回檔是12.19%，相對單獨持有全球股票型ETF來說安全許多。

**單獨持有股票及同時持有股債的投資報酬及波動率**

| | 年化報酬率 | Sharpe 值 | 與VT比較的相關係數 | 投資期間最大的回檔 | 從最高點計算的最大回檔 |
|---|---|---|---|---|---|
| 投資組合 | +9.2% | 1.04 | +0.83 | -2.63 % | -12.19% |
| VT | +8.8% | 0.55 | | -10.45 % | -23.83% |

資料來源：

等到股跟債各要進場的30萬全部進場布局完成後，每個月的現金結餘再按比例分配進場。假設C帳戶每個月會有一萬元結餘，就一樣按照股票50%（以這個例子來說：VT買2500元，VTI買2500元），債券50%買入。也就是股票5,000元，債券5,000元。

市場大跌時，一定要記得逢低加碼，把股權類資金還沒用到的20萬及債權類還沒用到的20萬逢低投入市場，但要知道不可能買在最低點，就像金融海嘯後，台股來到最低點3,955的那天，券商裡原本會來看盤的客戶都不見了，這種時候就是最好的買點，人棄我取，現在回頭看來，會覺得當時怎麼不買多一點，可是在那個肅殺的氣氛下，我相信任何人都不敢再冒太大的風險。

投資到最後其實已經是在做投資心態管理了，對於技術層面的考驗已經不高了，恐懼與貪婪的心理對於投資結果影響很大。逢低加碼時，跟上次入場的成本最好距離7％至10％以上，拉開成本。不要一跌就加碼，這樣無法有效降低成本。

## 如果一開始沒有本金一百萬的人怎麼買？

如果是從無到有的建置部位，手邊也沒有一筆錢，那麼可以從現在開始把每月結餘，先用定期定額的方式開始（適合振盪行情，例如台股大盤在8,000到10,000點來回整理）一樣按照股50％債50％的比例買入。假設每月投入一萬元，5,000元買全球股票ETF，5,000元買全球投資等級債。

你的錢沒有投入市場的時候，就放在C帳戶裡面不動，但每個月一定要有一萬元的結餘跑到C帳戶裡頭去，不能因為沒有要投入市場就不存錢。

接著說說情況B：如果有手頭上已經有舊部位了怎麼配置資金？

假設手頭上的部位已經有股權25萬，債權類20萬，先決定進場的總部位，和前面的方法一樣，以50／50來看，兩種部位第一階段都是買到30萬，所以待買的缺口部位股權是5萬，債權是10萬。最後部分的錢是壓箱寶，是等股市大跌是要拿來加碼用的。

而舊有的部位除非是看錯市場或是產業或者是比例配置錯誤才去賣它，不然不建議去動舊的部位。資金進場的順序跟完全沒部位的時候雷同。

## 已經持有部位的投資人，要逐次調整至目標配置

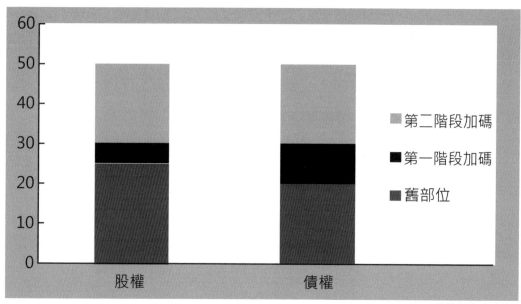

圖例：
- 第二階段加碼
- 第一階段加碼
- 舊部位

資料來源：作者提供

## 目標帳戶管理

假設針對每個目標設定一個金額，5年後買車100萬，10年後房子頭期款200萬，15年後子女教育金300萬，25年後養老金500萬，目前已經針對各項目標存款的金額分別是20萬，50萬，100萬，100萬。缺口分別是80萬，150萬，200萬，400萬。

假設每個月又會有2萬元的結餘可以分給這4個目標帳戶，如果分別給這4個目標每個月投入5,000元的額度，以養老金目標金額來說，在25年間每月存入5,000元，到25年後要存到400萬的缺口，需要做到每年多少報酬率才能達成這個目標呢？答案是7.14%（如P63下圖所示）

## 投資報酬率不要貪高,而要穩健達成目標

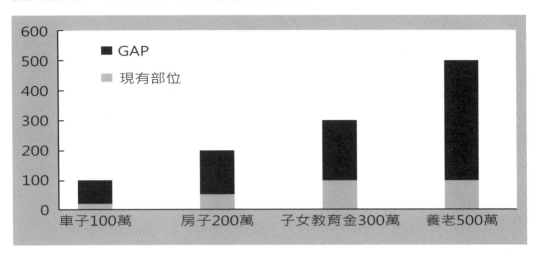

資料來源:作者提供

　　這裡介紹一個「ＴＶＭ金融計算器」的ＡＰＰ,點選年金終值將你要存的目標金額(未來價值),每月可投入金額(付款金額),以及複利間隔選擇全年,選擇期末之後,就會顯示出這筆目標每年所需要達到的年化報酬率。


## ＴＶＭ金融計算器 APP

資料來源:ＴＶＭ金融計算器 APP

建議年化報酬率約在5至15%是比較容易達成且不會有太大壓力。

如果年化報酬率計算出來高到不合理且達成機率低，那麼調整的方式就是1.拉長年期，2.降低目標金額3.增加每月投入金額

## ⚅ 三大族群的具體理財規畫建議：小資族、小家庭、退休族

這裡結合3個案例，把前面介紹的ＡＢＣ3個帳戶做一個連結，讓你更清楚的了解，如何在每個帳戶中分配好手邊的資源。

### 1.剛進入職場的小資族

小婷是個剛畢業的大學生，目前起薪每個月2.5萬，每個月的食衣住行固定生活開銷需要1.5萬，學貸每月要付3,000元，每月固定支出共1.8萬，目前不需要給家裡錢，最常因為和同事聚餐或是娛樂而存不住錢，首要目標先做好自己的收支管理，利用記帳至少半年的方式，找出每月的固定支出，養成良好的預算編列習慣，尤其針對娛樂交際的費用，更要嚴格控管每個月的開銷，當月快要達預算上限的時候，就減少和朋友聚餐娛樂的次數，或者挪到下個月。

目標先以存到3至6個月的緊急備用金（固定支出）約5萬4,000到10萬8,000元為主。接著再針對備用水源準備好基本的保障，單身族的目標就是當風險發生的時候，能在財務上不要造成家人的負擔，以購買消費型的意外險及定期型的重大疾病險為主，先求有再求好即可，購買保險的預算約佔年收入的5%至10%。

在Ｃ帳戶方面：先以增加儲蓄能力，學習理財知識，投資自己，提升增加工作收入的能力，至少學習半年到一年後，再開始進入市場。

剛開始可以先從定期定額開始，資金的配置以80％股權，20％債權為主，趁年輕多做嘗試，累積投資經驗，同時也因為有投資，對經濟情勢會比較關心。

在這個階段，投資自己才是最好的投資，增加工作方面的收入是第一要件，所以在投資上花的時間跟精力，不宜過多。

## 2.小家庭的職場媽媽

小芳是個在職場中打拚多年的職業婦女，同時也是兩個孩子的媽，老大十歲，老二七歲，她不像小婷那樣沒有負擔，因為要養育小孩，生活壓力比較大，投資理財更以目標為導向，第一件事要做的依然是準備好家庭的3到6個月緊急備用金，和保險保障都準備好之後，C帳戶的管理方式可以用目標來分類：

第一部分是彈性較小，期限較短的目標，例如：後年想帶全家人出國旅遊，因為是短期會用到的錢，適合放在風險較小，收益相對較少但固定的商品中，本金安全最重要。第二部分是期限較長，有一定彈性的目標，例如：十年後，孩子讀大學的學費，那麼就可以配置50％股權，50％債權。

以小芳來說，投資簡單實用就好，照顧好家庭才是首要目標

## 3. 剛退休的65歲退休族

阿立是一個65歲剛退休的族群，名下有房子，貸款已經繳清，還有2,000萬的資金可以運用在投資，子女都已經成家立業，對他來說，生活壓力已經非常小了，自己也沒有太多目標想要追求，理財的重點是全面性的資產配置，例如他在投資股票的同時，還配置了全球型股票ETF及債券ETF，還有海外REITs及黃金ETF等產品，他利用了不同地區不同類別資產的不相關性，盡可能的分散風險，達到更穩健的投資效果，而他未來會需要面對的問題會集中在稅賦及資產轉移。

這個時期的理財重點是守護，配置全球性債權收益商品至少要9成以上，剩下的1成可以找台股高股息殖利率的股票領取股息。以每年產生的投資收益來支應生活的固定開銷。

看完了3個案例，你是不是會發現，雖然同樣是在投資理財，同樣是在讓財富保值增值，但3個人的投資分配卻完全不一樣，剛畢業的小婷有充足的時間和精力去鑽研，所以可以一邊累積自己的投資知識，一邊拿小錢嘗試不同的投資工具及方向。而職場媽媽小芳，工作及家庭已經佔用她大部分的時間，所以她可以目標為導向，採用簡單的50／50配置原則，來協助完成目標讓投資更簡單。最後是剛退休的阿立，他在各方面基本已經沒有壓力也已經安排妥當，穩健的讓財富保值增值是他唯一要做的事，所以他的資產配置更全面，其實投資理財是一件非常個人化的事情，它和你現階段手邊的財務資源，人生目標，人生階段息息相關。當然你也可以找到更專業的人士來為你打理，記得要找的是不隸屬於任何金融機構的獨立理財顧問，因為他們不會有銷售金融商品的業績壓力及意圖，可以站在比較中立的角度替你做好分析。

　　如果你不想花這個腦筋，也可以採用本書介紹的方法（40%全球股票ETF+40%全球債券ETF+20%明星產業飆股），每年預估將近10%報酬率（9.4%），而且不需要花太多時間盯盤，就可以穩定獲利，在下一章有完整的投資流程介紹。

# Chapter 3

# 投資方法（1）：
# 讓你遇到金融風暴也不怕的穩定布局

本章開始介紹我個人採用的投資方法，你可以參考以下流程圖

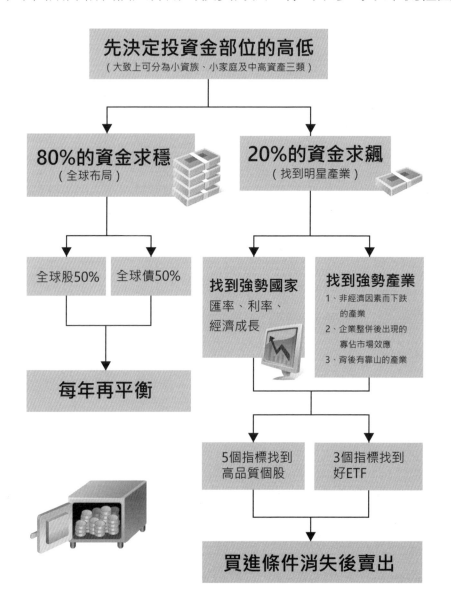

**先決定投資金部位的高低**
（大致上可分為小資族、小家庭及中高資產三類）

**80%的資金求穩**
（全球布局）

**20%的資金求飆**
（找到明星產業）

全球股50%　　全球債50%

找到強勢國家
匯率、利率、
經濟成長

找到強勢產業
1、非經濟因素而下跌
　　的產業
2、企業整併後出現的
　　寡佔市場效應
3、背後有靠山的產業

**每年再平衡**

5個指標找到
高品質個股

3個指標找到
好ETF

**買進條件消失後賣出**

## 🐷 80%的資產要以全球布局著眼

　　台灣股市佔全球市值不到1％，而且光是一檔台積電市值佔整個台灣股市的市值就將近20％，前50大股票就佔了台股市值的68％，所以如果將全部的資產都放在台股，或是台灣的投資市場，從風險的角度來看，的確並沒有達到風險分散的效果。

　　再者就投資台股來看，如果又集中投資中小型類股，那相對於整體大盤走勢可能會出現較不一致且追蹤難度較高的問題。但也不是說就完全不能冒險，回到一開始的資產配置邏輯，就看你所追求的是可長久穩定的投資策略還是曇花一現的行情走勢，這都沒有對錯。就算你能掌握台股，但也並不一定要成為你的核心投資配置。

　　全球有太多跨國性的國際企業，在全世界幫你賺錢。投資會有景氣榮枯及產業變化的問題，但是投資於涵蓋全球範圍的ETF產品，囊括全球多數的企業。不但就像有人24小時在全球幫你賺錢，同時還可以因為資產在不同地區，不同類別，而降低整體資產波動度的風險。你省下了選擇特定產業與個股的時間，也降低了單一股票市場所帶來的不確定風險。

　　但總體性風險是你再怎麼分散或配置都無法避免的，千萬不要單純的以為可避開所有風險。

P71上圖用來說明金融商品的投資風險等級。低風險伴隨低報酬，而高風險伴隨著高報酬，這是鐵律。市場上如果有人聲稱有低風險且高報酬的商品，要小心，十有八九都是詐騙。

到底什麼是「風險」？其實風險就是波動，如果是沒有風險，就代表沒有波動，也就是一條直線，就像P71下圖（一）那條線一樣，在任意的時點賣出，都不會虧錢，例如A點買入，選擇任一時點B或C賣出都是賺錢的。

但如果一個資產是有風險，也就是有波動的，那就不可能做到任何一個時點買入，再任選一個時點賣出都能夠保證賺錢。例如圖中（二）顯示的資產，A在點買入，B點賣出就虧錢了，但在C點賣出，是賺錢的。

有風險並不意味著會虧錢，而是意味著在投資的過程中，會需要承擔價格的波動，如果投資的資產長期來看是上漲的，而且自己在賣出的時點選擇上可以有足夠的靈活性，不會在虧損的時候被迫賣出，那麼賺錢的機率會高很多。如果目標是要把投資的報酬率最大化，那就應該要在投資期限允許的情況下去承擔較多的風險。

例如：小陳想要在一年後買一隻最新型的手機，在今年他的目標就是努力存錢，同時他想不要讓存下來的錢閒著，最好可以產生一些理財收益，於是他有二種選擇，一是放定存，二是買股票型基金。股票型基金長期來看每年的平均報酬率都有5%至10%，而定存約為2%以下，那要怎麼選擇呢？

## 不同投資工具的風險與報酬

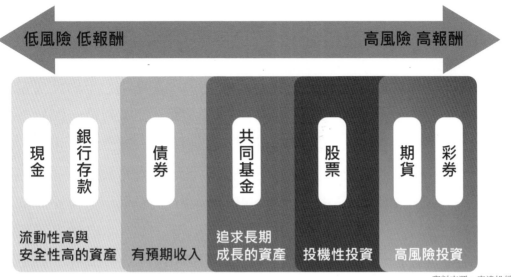

資料來源：富達投信

## 投資風險來自於波動，風險高不見得一定會虧損

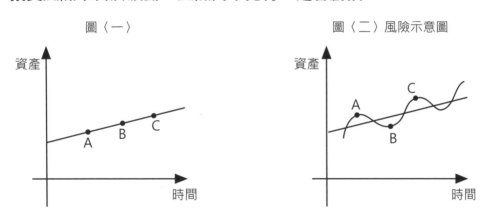

資料來源：作者整理

　　如果到了隔年，小陳要買手機了，但是萬一遇到大跌時，還是必須把股票型基金贖回用來買手機，但可能因為賠錢連手機都買不了了，這時候理財反而是幫了倒忙。但如果他選擇的是定存，就不會有這個問題了，反而還會多出一點利息錢。

所以在你自己確定的投資週期裡面，選擇預期報酬最大的可投資標的。例如5年後才會用到的錢，那當然是選擇波動度較大的金融商品，會比只選擇定存收益來的好。

　　最重要的重點是你必須了解「風險」是無法避免。不過你可以設法降低重大變故發生時，資產「波動」的幅度。要做到這一點就要了解不同金融商品的特性，適當的組合。就好像你投資全球股市，可以避免單一地區或是產業的災難。同時投資不同類型的金融商品，也同樣可以產生把雞蛋放在不同籃子裡的效果。做好萬般防護，正如同孫子兵法所說的：「勿恃敵之不來，恃吾有以待之」。你自然可以睡的好，又賺得到了。再搭配資金的可投資期限來選擇金融商品，就可以立於不敗。

　　以下說明主要的金融商品的特性！真的要說極低風險的商品那就是現金了，目前現金跟銀行存款也是公認流動性及安全性最高的資產，但也因是低風險所以報酬率表現最差。

　　而債券又分為國家級債券及公司債，例如：美國，日本，阿根廷，或台灣等等，國家級債券隨著各國不同的評等又有不同的風險等級，公司債也有對應不同償債能力而有不同的債券等級，例如：蘋果（Apple），微軟，台灣的鴻海等都是債信評等高的公司。

　　債券具體而言是一個國家或是公司，在市場上借錢，假設約定好這檔債券發行的是10年期，那麼在這10年當中每年會給一個固定的票面利率，買這檔債券（也就是借錢給該國或該公司的人）。

每年領到應有的利息之外，期滿還可以將本金拿回來。利息會比銀行存款好很多，但是相對要冒著國家或公司倒閉的風險，所以要選擇評等好一點的國家或公司來投資。世界上評鑑債券風險高低有3家主要公司，標準普爾信用評等公司（Standard & Poor's）、惠譽國際信用評等公司（Fitch Ratings）、穆迪信用評等公司（Moody's Investors Service），而信用等級的分類請看下表，標準普爾信評最高等級為AAA，穆迪信評最高等級Aaa，惠譽國際信評最高等級為AAA，往下走信評就越低了。

## 資本市場常見信用評等機構的長短期債務信用等級符號

| 標準普爾 | | 穆迪 | | 惠譽國際 | |
|---|---|---|---|---|---|
| 長期債 | 短期債 | 長期債 | 短期債 | 長期債 | 短期債 |
| AAA | A-1+ | Aaa | P-1 | AAA | F1+ |
| AA+ | A-1+ | Aa1 | P-1 | AA+ | F1+ |
| AA | A-1+ | Aa2 | P-1 | AA | F1+ |
| AA- | A-1+ | Aa3 | P-1 | AA- | F1+ |
| A+ | A-1 | A1 | P-1 | A+ | F1+ |
| A | A-1 | A2 | P-1 | A | F1 |
| A- | A-2 | A3 | P-2 | A- | F1 |
| BBB+ | A-2 | Baa1 | P-2 | BBB+ | F2 |
| BBB | A-2/A-3 | Baa2 | P-2/P-3 | BBB | F2 |
| BBB- | A-3 | Baa3 | P-3 | BBB- | F2/F3 |
| BB+ | B | Ba1 | | BB+ | F3 |
| BB | B | Ba2 | | BB | B |
| BB- | B | Ba3 | | BB- | B |
| B+ | B | B1 | | B+ | B |
| B | B | B2 | | B | C |
| B- | B | B3 | | B- | C |
| CCC+ | C | Caa1 | | CCC+ | C |
| CCC | C | Caa2 | | CCC | C |
| CCC- | C | Caa3 | | CCC- | C |
| CC | C | Ca | | CC | C |
| C | C | C | | C | C |

資料來源：維基百科

信用評等低於BB/Ba（含）以下就是非投資等級，也稱為是「垃圾債券」，但市場上給了這樣等級的債券一個很好聽的名稱，叫做「高收益債券」。沒有錯，它的確是高收益，買了這樣的債券可以拿到高於市場水準的利息，但這背後的原因是因為該債券的評等比較低，違約的風險較大。

你可以想像成假設一個剛進入社會工作的新鮮人，跟一個名下有資產的大老闆，兩人同時向銀行貸款，誰可以貸到較高的額度呢？誰又可以付較低的利率呢？答案肯定是名下有資產的大老闆對吧，站在銀行的角度來看，大老闆倒債的風險較低，因為他有相對應的資產可以抵押給銀行，萬一真的倒債，銀行還可以變賣大老闆抵押的資產。而剛進入社會工作的新鮮人，除了每個月固定的月薪收入以外，沒有別的資產可以為他的信用分數加分，自然能貸到的額度較少，需要支付的利率也較高。因為對銀行來說，被倒債的風險是較大的。

而「高收益債券基金」就是標榜著可以拿到很高的「月」配息，因為台灣人非常喜歡可以每個月領到利息的感覺，所以有些基金公司甚至會特別專門為台灣人成立一檔高收益月配息債券基金。但這裡要考慮到的是匯率波動的風險。債券基金計價以美元、歐元、人民幣最常見，即使以台幣申購，但是基金公司收到款項之後，還是會換成該基金投資的區域幣別去投資，所以會很常看到賺到淨值的價差，但贖回時，換回台幣卻賠了匯差的窘境。

例如南非幣計價的高收益債券，就標榜著一年可以有10%以上的配息，但是南非幣本身的匯率波動，非常的大（如下圖），很容易賺了利息賠了更多的匯差，除非有用到南非幣的機會，否則這樣的投資

不會出現在我的資產配置裡面。

　　雖然我的配置80%是全球部局，但是大都以美元計價的商品為主要的持有部位，因為美元的匯價波動相對穩定且可以承作的金融商品選擇較多，而且我在平常就有習慣在美元低於30元的時候買來放著，等到ETF需要加碼的時候直接用原幣申購，這樣即使我賣出，還是拿到原幣（如果你用台幣申請，賣出時就只能拿回台幣），可以等待好的時機再自行換回台幣。

## 南非幣波動大，除非你用得上，否則還是少碰為妙

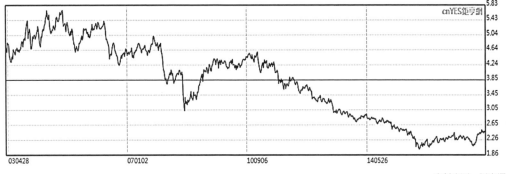

資料來源：鉅亨網

　　基金跟股票是最常見的投資品項，近年來市場開始流行ETF（Exchange Traded Funds；交易所買賣基金），也是從基金衍生出來的一種金融投資品，在手續費及管理費上都較基金節省許多，在後面的章節會提到。

　　買基金過去幾乎是小資族的全民運動，我上大學剛開始打工的時候，因為需要去銀行開一個戶頭，行員建議我可以買基金當做存錢，當時什麼都不懂的我，就光看名稱選了一個我覺得不錯的，每月定期定額投入3,000元，完全沒有做任何功課的我，就看著每個月扣走的

錢一進場就賠錢（最好笑的是我還會買報紙來看把相關新聞收集起來，但完全看不懂，也不知道要去哪裡問人或是學習），後來索性停扣，心想每個月進場就賠錢，那我還不如花掉，去買件漂亮的衣服，總比賠掉好。等到需要用錢的時候又再把剩下的基金贖回，贖回來的錢居然也很幸運的沒變少。我過了很多年回去看才發現我居然當時沒發現我自己竟然贖在起漲點，白白浪費了一年多投資的時間，而且我也沒有從這件事情上學到任何投資理財相關的概念。只覺得買基金就是一種流行，感覺很酷，對於基金到底是什麼也沒有去了解。

直到後來進了金融業才知道整個基金到底是在玩什麼把戲，買基金其實就是把錢委託給專業人士，也就是基金經理人，請他們來幫我們投資。

## ♛ 買基金要注意的3件事

買基金要注意的第一件事就是注意基金的類型。基金大致可分為貨幣型，債券型，股票型以及混合型。

- 貨幣型基金：專門投資於短期貨幣市場工具。如國庫券、可轉讓定存單、定存和債券附買回交易等。因為貨幣市場工具的到期日短且產生固定收益，相對而言是一項低風險投資。

- 債券型基金：投資標的為各種不同收益率、不同到期日的債券，收益相較股票型基金穩定。如政府公債及公司債等。長期來看，收益高於貨幣型基金，但風險也更大。

- 股票型基金：主要投資於全球股票市場，依投資地區可分為全球型、區域型、單一國家型和產業型。因為世界各地區的經

濟、政治等情況不盡相同，所以股票型基金的主要報酬及風險相對比貨幣市場型和債券型基金要高。

這3類基金的主要投資方向都很明確，不過後來出現了一種混合型的基金，可以同時投資股票，債券，貨幣市場等多種金融工具。

那麼你應該選擇哪一類的基金呢？

・ 如果你非常保守，幾乎不能接受發生虧損，那就選擇貨幣型基金。

・ 如果你可以承受中等風險，債券基金可以做為你的配置

・ 如果你的風險承受能力高，並且資金可以長期投資，那可以考慮把較高比例的資產配置在股票型基金或是混合型基金中

另外也有一些較另類的基金，例如大宗商品類的黃金基金，石油基金，房地產證券化基金等等。

## 為什麼我不選台灣基金！

基金也可以根據投資的區域不同，分為國內及海外的基金，我自己後來是完全不買國內的基金，因為投資的市場在台灣，台股的選擇性較少，選擇性少原因是台灣的產業結構問題，我們是出口外銷導向，主要以原料半成品與組裝為主，品牌公司很少，許多上市公司所生產的產品都高度重疊，且基金經理人的薪水較國外的基金經理人少很多，而合理的薪資條件會讓基金經理人比較有誘因創造績效。

另外，薪資過低，會使品格操守不佳的基金經理人易受主力或公司派的誘惑。基金經理人操守問題比較容易出現在中小型的上櫃股

票，過去常常會出現配合主力或是公司派倒貨給基金的投資人，也就是主力或公司派拉抬完一檔股票的價格後，基金經理人再用他管理的部位，去買下這些已經飆翻天的股票，然後股價下跌，就反映在基金淨值裡。

當然這麼做對於基金經理人來說有很大的風險，只是薪資條件相對國外的基金經理人來說低很多，這時又有不良的公司派獻出大手筆誘惑，那麼有些比較把持不住的基金經理人，就容易走上歪路，賺取外快。這就如同國內的職棒選手，在薪水不夠高的情況下，會出現打假球情況是一樣的道理。

在台灣還有一個很特別的現象，就是新發行的基金，如果3個月閉鎖期一打開，基金淨值超過10元，就會瘋狂的被贖回，原因是金融從業人員，不管是理專或是證券營業員，通常又會有新的「組織任務」，這也是制度面的問題，理專或營業員，每個月的業績達到後，下個月又是新的開始，台灣的金融業務員所領到的薪水，都是底薪加獎金，但要領到獎金可就要先達到每個月的責任額，通常每個月都有任務，就是「配合」公司旗下或是配合的投信公司銷售新募集的基金，公司除了會進行「陸海空」無死角的廣告文宣外，這時辛苦的業務員朋友們也要打起一通通專業而溫柔的電話給所有的客戶，使命必達的無差別銷售來達到每個月的業績目標，至於這個新募集的商品客戶是否需要？是否是客戶本身資產配置中的必買商品？這已不是主要考量。

為了不要被長官釘到牆上或是留校察看，為了達到業績目標，一場場文情並茂、生動活潑並加上高檔下午茶的投資話術說明會，能否塞滿客戶才是業務員至高無上的目標，身為客戶的我們至於要不要幫

這個忙，那看的是「交情」不是「市場」。所以才會有這種閉鎖期一打開只要沒有賠錢就被大量贖回，以抽出資金，買進公司指定的熱門促銷商品。

同時也有一個很有趣的現象，當市場一窩蜂的在發行某種型式的基金時，各家投信會紛紛效法，例如某一陣子會特別流行東協基金，或者是高收益月配息債券基金等等。我把基金銷售分為兩種主流，一種賣「投其所好」，台灣長期在低利環境，放定存賺利息是傻瓜才會做的事，賺到的利息錢還比不過我家路口便利商店茶葉蛋的漲價速度，所以紛紛把高風險固定收益投資策略引進來。換個好聽的名字「高收益」再搭上讓你有月退俸FU的「月配息」。從此這類產品已是基金市場的標準配備，沒有這類產品的話，基本上這家基金公司在台灣的存量只能說是非常難看。如果沒有高收益債沒關係，股票型產品也改成有配息，最好是季配息，那同樣也是很有話題跟「賣點」的。

另一種是賣「創新」，當然創新有好有壞，好的創新，只要對投資人友善的都是很棒。像這幾年越來越多基金公司開始發行ETF產品，我覺得很棒。但是如果只是換湯不換藥的假創新，仍舊是內含了相對較高的費用成本，那就值得商榷。

隨著ETF的熱潮，許多主動型基金公司已感到勢不可擋的情況下，發行許多槓桿型的ETF產品，這類產品可真的是深得投資人的喜愛，畢竟投機致富都是相當多人所嚮往的，只是雖然標榜是ETF產品，在被動操作的方式下，手續費理應很低，但是這類商品的收費卻還是如此的高？

見風轉舵的行銷策略，到底對投資人有沒有好處？投資人自己要

有辨識能力，多數看到媒體在吹捧的基金或市場時，哪個不是長相標緻，績效漂亮呢？就算話說得再美麗，績效再亮麗，也是無法保證的獲利，就像那句標準警語「過去績效不代表未來表現，投資前請詳閱公開說明書」，這段護身符文字保護的是銷售業者，並不是掏錢出來的投資人。

根據基金經理人管理基金的不同方法，基金又可以分為主動型基金及被動型基金。被動型基金一般指的是指數基金，基金經理人只要按照指數的規定，直接投資指數裡包含的股票即可，可以省去不少選股的時間。例如：台灣50（0050）。主動型基金則需要基金經理及該投信公司花費非常多的時間，精力去選股，去拜訪他們想要投資的標的公司，試著透過人工的挑選，來獲得比市場水準更高的收益。但也因為這樣，所以購買這類基金的投資者需要付出較多的管理費。

## 大賺要贖回、大跌要加碼

買基金要注意的第二件事就是你的投資心態。很多人會覺得要從幾千檔基金當中選出適合自己的難度非常的高，甚至有的人把基金當成股票在做短線交易，有的人單筆買了基金之後，每天上網看討論區，看到有人說哪些基金好，就去看看報酬率跟淨值，覺得不錯就買入。買進之後如果真的漲了，也會很快就賣掉基金，如果跌了，就在討論區上跟大家一起發牢騷，忍不住幾天就把基金賣掉。這樣的心態要在投資市場賺到錢不太容易，反而會像無頭蒼蠅一樣進退失據。

每個時期會流行的產業跟趨勢也都不一樣，以投資的角度來說，每個人可以承受的虧損程度不一樣，手邊的錢可以投資的期限也不一樣，如果你拿的是隨時要用的錢來投資，那麼市場一波動，你就會受

不了而做出非理性的判斷。

對於不同時間會用到的錢，應該如何支配呢？

假如你現在有 10 萬元，想投資基金

· 如果這筆錢下個月就會用到，那流動性好，風險低的定存或是
  貨幣基金就是好選擇。

· 如果幾個月甚至一年後才會用到這筆錢，那可以考慮債
  券型基金。

· 如果這筆錢在 3 至 5 年內都不會用到，也願意承擔較高波動的
  風險，那麼可以考慮股票型或是混合型基金。

我記得在 2007 年那個海外投資開始流行的時代，有一檔非常火紅
的《貝萊德世界礦業基金》。全市場有在用單筆或是定期定額買基金
的投資人，幾乎都會買它。投資人在高點賺了一二百趴，但沒有記得
要贖回，到了金融海嘯來臨時，每個月扣進去的錢，看帳面就是賠，
每個月扣，每個月賠，而且幅度還不小，甚至之前賺的也都跌回去
了，此時投資人會有幾種情況發生：

1. 工作實在太忙，完全忘記要看，於是傻傻繼續扣，但因為低檔
   忘記加碼，所以離回本還有一段距離。

2. 先停扣，等低點到了再開始扣（問題是通常從此之後就再
   也沒扣了）

3. 全部贖回，從此不玩基金

當時還是營業員的我，就是沒看到半個人在低檔加碼扣款的。如果在低檔有加碼扣款，那麼當市場反彈回升時，可以快速解套，重新尋找其它合適的標的，而不是放著不管或是冒然認賠出場。

我一直在強調一個概念，金融商品沒有好壞，只有適不適合你自己，在投資之前，你要先明確自己的需求，再來做投資計劃，尤其是面對較高風險或是波動度大的商品，是否已經做好心理準備，資金是否已做好長期的規畫。

千萬不要落入買了這檔商品就可以高枕無憂的迷思，也不要拼命找新商品，因為金融商品推陳出新，找到適合你的才是可長可久的。

買基金要注意的第三件事就是費用。交易成本在我們投資獲利中佔了相當重要的角色，你可以在幾個通路買到你想要的基金，在說明費用前先解釋一下，基金費用的結構：

**1.管理費用**：這是內扣在淨值裡的，也是基金公司的主要獲利來源，這個管理費也會拿來支付在基金本身進行交易買賣，以及帳務管理等等的開銷，但如果收費過高一定對基金的績效是非常嚴重的損害。

**2.買基金時，會需要支付一筆手續費**：這手續費在美國叫做「銷售佣金」，就是銀行或是幫忙銷售的通路賺的，這是屬於外加的成本。

而銷售通路有下列幾個：

**(1).銀行代銷**

有舉辦促銷活動的時候，通常手續費會打折，打折指的是手續費

可能會從3%變1%，或打個5折，但這跟基金公司收取的管理費是沒關聯的，因為基金公司會跟銀行談好管理費的分潤條件，畢竟銀行很辛苦地幫忙賣，不可能做白工，因此就算是銀行跟客戶免收手續費，銀行依舊還是有管理費分潤可以賺。

## （2）.證券公司代銷

從證券公司開放財富管理之後，也是努力衝刺財管業務，基金手續費打折打得比銀行還多，對於許多投資人來說的確多了管道，但畢竟台灣券商的本業是台股，基金銷售仍非主力而僅是組織任務，因此「人情單」真的是非常多，所以如果想要買基金透過券商買是不錯的選擇。

## （3）.基金公司本身

許多基金公司也都有自己的交易申購平台，但都僅限自己家的產品，我確定服裝界有像LV與Gucci的世界名牌，但不知道是否有基金界的世界名牌，以前我相信有，但在2008金融海嘯後就沒有了，因為美國次級房貸風暴貝爾斯登和雷曼兄弟就這麼倒了，但基金畢竟是信託架構，基金公司倒閉並不會對你所投資的資產造成影響，但事實上要成為永遠的贏家真的非常難，所謂市場的不可預測性也可由此展現。

## （4）.保險公司投資型保單

以投資的角度來看，不建議購買投資型保單，費用太高，被扒二層皮，除了保險公司要收取的費用之外，基金公司也會收。

## （5）.第三方基金代銷平台

這是台灣基金市場的邊緣人，其實在國外第三方基金代銷平台也是有一定的市場，畢竟不屬於任何基金公司，可以站在較中立的角度，但因為所有的金流仍掌握在銀行手上（也就是客戶的錢都是放在銀行），銷售量當然就不如銀行通路這麼多。

做任何投資都不可以忽視交易的相關稅費。特別是高風險投資。高風險投資包括了期貨及外匯等，這類的投資因為槓桿的比例較大，通常拿10萬元的本金，可以做到100萬的投資，所以輸贏的波動都非常的大。我曾經有客戶在期貨選擇權市場虧損近百萬，結算下來有30萬是交易手續費，而在《金錢的滋味》（金森重樹著）這本書中，作者買賣商品期貨虧損的5,200萬日幣中，有將近1,500萬日幣是交易手續費。所以千萬不要忽略每次買進賣出的手續費成本，積少成多也是很可觀的。

在金融圈看過那麼多風風雨雨，讓我後來選擇全球股票型ETF及全球債券型ETF做為投資工具。基金有太多不可控的人為因素，並且在金融海嘯之後，人們開始對政府及金融機構出現不信任感，進而衍生出區塊鏈這種去中心化的技術，才會出現虛擬貨幣或是加密貨幣這些東西。

人生還有很多很美好的事情值得我們去經歷，投資是生活的一部分，但不應該是全部，我選擇一年調整一次我的投資部位，這樣不但心情不會受盤勢波動影響，還可以很自在。

## ♟ 50%股＋50%債真的不會錯

為什麼要做資產配置呢？如果每年要猜今年的經濟週期屬於那

個區塊，適合持有的資產是股票還是債券？我想除了專業的投資經理人，大部分的人是做不到的，就連我自己在金融業這麼多年，我都不想去猜每年流行的是什麼？因為要花大量的時間去研究以外，也不一定猜的準，所以50%股票＋50%債券是一個好的選擇，把錢放在不同的資產類別當中，確保在不同的市場環境下，可以做到東邊不亮西邊亮，不會抓龜走鱉。

下面舉一個較極端情況的例子來說明：假設你跟老巴二個人比賽投資績效，每個人的本金都是一百萬，老巴把一百萬做了一點簡單的資產配置，分為50萬股票基金，50萬債券基金，而你因為是個積極的投資者，所以100萬全放在股票型基金。假設：

第一年股票基金虧損50%，債券基金賺5%；

第二年股票基金賺60%，債券基金賺4%；

第三年股票基金賺10%，債券基金賺6%。

你可以看到第一年的結果，是老巴獲勝，到第二年股票基金賺了60%，但是獲勝者依然是老巴，到第三年股票基金跟債券基金都賺，但最後還是老巴獲勝。（如P86〈表一〉所示）

你可能會說，一開始就讓股票跌有失公平，那麼我們再來看看第二個例子：（如P86〈表二〉所示）

假設一年之後，股票基金賺60%，債券基金賺4%；

第二年股票基金虧損50%，債券基金賺5%；

第三年股票基金賺10%，債券基金賺6％。

在第一年的確，因為你押對寶，所以大獲全勝，到第二年市場有漲有跌，所以股票基金虧損了，獲勝者依然是老巴，第三年股債都賺，老巴整體部位來到101.8萬，獲勝的還是老巴，你或許會覺得很奇怪，明明第一年賺了60%，怎麼最後還是輸了呢？

從100萬元虧損50%，本金會剩下50萬元，要再把本金變回100萬元，漲幅必需來到100%才能把本金變回100萬，由此可知，跌的效果比漲的效果來的大，巴菲特有句名言，投資最重要的二件事，一是永遠不要賠錢，二是永遠不要忘記第一件事。

這句話背後的含義就是在這裡。老巴只是做了一點分散，3年後雖然獲利看起來只有1.8萬，但重點是他保住了他的本金，沒有傷到，留得青山在不怕沒柴燒，這是資產配置最重要的意義。

在第二章中你也會發現持有50%VT+50%BND比單獨持有VT，最大跌幅較低。

**在市場大幅波動時，股債各半的配置，會提供較佳的報酬！**

|  |  | 老巴<br>（50萬股票基金+50萬債券基金） | 你（100萬股票基金） | 獲勝者 |
|---|---|---|---|---|
| 〈表一〉 | 第一年 | 77.5萬 | 50萬 | 老巴 |
|  | 第二年 | 94.6萬 | 80萬 | 老巴 |
|  | 第三年 | 101.8萬 | 88萬 | 老巴 |

資料來源：作者提供

|  |  | 老巴<br>（50萬股票基金+50萬債券基金） | 你（100萬股票基金） | 獲勝者 |
|---|---|---|---|---|
| 〈表二〉 | 第一年 | 132萬 | 160萬 | 你 |
|  | 第二年 | 94.6萬 | 80萬 | 老巴 |
|  | 第三年 | 101.8萬 | 80萬 | 老巴 |

資料來源：作者提供

## ◉ 每年花10分鐘再平衡就好了

買完就金融商品之後要如何管理呢？買好金融商品只是完成了投資中20％的工作，買完的後期管理很重要，收益能不能持續就看之後的管理了。每年一次的動態平衡調整是很重要的，它是一個多退少補的概念，我們在開始投資的時候，資產類別的比例相同，到了年末不管是賺是賠，都要恢復初始比例。大部分人買完就開始期望上漲，但是常遇到市場下跌的時候就不知道該怎麼辦？

什麼是資產再平衡？

其實就是資產回歸最初的配置比例，它的目標就是縮小目標資產配置的風險，而不是使報酬率最大化，不讓漲幅過大的資產在組合中佔有越來越大的比例，以降低風險，假設剛開始買入股權50萬，債權50萬。

每年使你持有的各類資產，回歸原始設定的比重，自然的漲多落袋，
虧損加碼

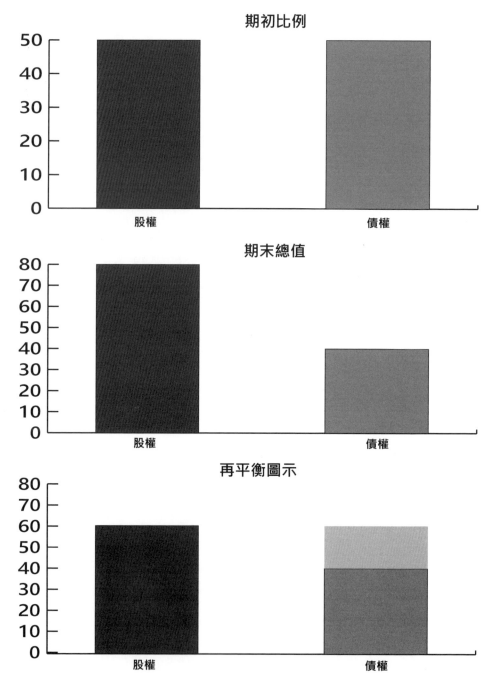

期初比例

期末總值

再平衡圖示

資料來源：作者提供

結果今年股票大漲，股權部位來到80萬，債權跌到40萬，這時候整體部位來到120萬，再平衡的意思就是把120萬用50%股＋50%債的比例，也就是股票60萬，債券60萬的比例重新分配。

這個時候要把股權裡面20萬的部位賣掉，拿來買入債權20萬。把去年漲多的減碼，見好就收，買入沒漲的甚至是跌的投資，等著它漲。這樣才符合低買高賣原則，有許多投資人最可惜的就是漲的時候忘記要賣，跌下來的時候來不及跑，最後的投資好像有如一場紙上富貴。

### 該怎麼做？

我自己是用時間間隔法：這個方法適合不懂金融市場或是沒太多時間關注市場動態的人，每半年或每年一次，像我自己是在每年的年底，看一次部位的總結，如果比例失調，就調回原來的比例即可，中間因為市場會有波動，所以特別需要冷靜及堅持，也不需要太頻繁的調整，會有交易成本的問題，買賣金融商品都有手續費，會吃掉部分獲利。

### 遇到大跌的時候該怎麼辦？

我自己的資金配置是保留2到3成的現金，這些現金有的來自於ETF的配息，有的是我長期不動的投資本金，怎麼判斷市場是大跌呢？就是當新聞或是報章雜誌開始出現恐慌性的報導時，我就會開始關注加碼點，通常會找跌最深的來加碼，分批進場。

## 避免理財的貪嗔痴慢疑

**貪**：對報酬率的貪婪，在市場的上升或下跌的過程中，只要可以長久的獲得平均以上的報酬率就可以了，投資比的是氣長。

**嗔**：過於急躁，太頻繁的交易，一聽到消息，一有風吹草動就自己嚇自己。

**痴**：太過痴迷，只做某一種商品，不願意接受其它類型的金融商品。

**慢**：傲慢自大，覺得自己可以打敗大盤，就像2008年之前的我一樣，覺得自己是神，後來海水退潮後發現自己其實是神經病。

**疑**：猜疑，猶豫不決，錯失很多機會。這必需透過練習分析，判斷，才能破解。

**大道至簡**：投資越簡單越好，千萬不要把自己弄得焦頭爛額，得不償失。越簡單的商品越好，有太多讓人看不懂的結構型金融商品，內含超高的費用或是不適合的產品是我們看不見的。複雜的金融產品通常聽起來都很好，但也是銷售人員最愛賣的，因為佣金是最高的。

但我也要為廣大的金融從業人員說句公道話，那種為了業績而做出不當銷售行為的業務員畢竟是少數，大多數的從業人員都還是很認真的考取證照，並且公司也時常會有金融商品相關的教育訓練。

只是現行的金融體制是如此，為了公司獲利，有時會讓金融從業人員無所適從，看著客戶投資虧損是誰都不願意見到的，只願我們能夠像歐美國家一樣，開始培養從業人員站在整體財務規畫的角度，

進而安排真正適合投資人的金融商品，讓整體的財富增長，才能進入正向循環。

投資人本身的責任，是在購買任何金融商品前做好功課，擬定好策略，才不會在出現大幅波動或虧損的時候，後悔莫及，甚至怪罪到金融從業人員身上，畢竟這是一個巴掌拍不響的事情。

介紹完我的80%求穩的部位之後，接下來將針對我的整體投資策略的另外20%，也就是求飆的選股策略進一步的介紹。

# Chapter 4 投資方法（2）：
# 由上而下找尋投資機會

絕大部分的資金要求穩，但是為了提升投資報酬率，要把部分的資金放在強勢國家及產業，我通常把20%的資金投入這部分，以拉高投報率。是如何找到明星產業、強勢國家及其以下的個股？我觀察的有下面幾個方向：

## ⚙ 從匯率、利率、經濟成長、產業影響力、政治影響力找到強勢國家及產業

### 由匯率走勢找到強勢國家：美元、人民幣為核心 歐元日元為輔

匯率亦稱「外匯行市或匯價」。一國貨幣兌換另一國貨幣的比率，是以一種貨幣表示另一種貨幣的價格。由於世界各國貨幣的名稱不同，幣值不一，所以一國貨幣對其他國家的貨幣要規定一個兌換率，即匯率。

剛剛是匯率上所謂的官方說法，用白話文來說就是國與國之間要進行商品或服務交換的時候，貨幣交換的比率畢竟每個國家都有屬於自己的貨幣，但一國的貨幣又會因為該國的國力以及國際地位被市場上所有人定義。舉例來說，數十年來美國的國力不管是軍事、科技與金融競爭實力，全球公認為第一，再來是美國在消費實力上也是世界第一。

過去美國也走過一段工業化的歷程，在第二次世界大戰時，美國

就是歐洲諸國對抗希特勒的主要後線支援，從一般民生必需品乃至於軍事武器等，在這個時期大量地進行了美元與其他貨幣的交換，但你可能會問為什麼歐洲各國為主要商品購買方但卻沒有主導地位？其實不是沒有，英磅在當時具有一定的地位，但隨著歐洲戰爭經濟體的疲弱，民眾也都剛從戰爭中回復，而美國受惠於和戰爭地有一段遙遠的距離，並且不斷發展自身工業實力。

在之後的二次大戰，美國仍舊受惠，主因是主戰場在日本與中國，或許戰爭是假的，而經濟上的侵略與利益才是真的。從歷史中了解目前國際錯綜複雜的局勢，並且從事件中去了解為何美元地位會如此穩固，對我們投資有相當大的幫助。

中國由鄧小平的改革開放開始，經濟情況開始轉變，在歷經百年的疲弱不振之後，逐漸脫胎換骨，因為大量的便宜人力與人口紅利需求，才會看到現在中國的進步。但這仍然是有一定的進程，無法一次到位，工業化進展是必經之路，而人民幣也就從這樣的時空背景中提升上來。

很明顯的，強勢貨幣都有一種共同的特性，就是人口與工業化競爭力包含科技的創新，缺一不可，你是不是會覺得台灣在這些方面也很強？當然是，但台灣缺的是「人口紅利」，人口老年化與少子化的問題，光是要買個原物料，價格條件就跟對岸有很大的差異。

經濟成長率只剩3%不到的美國，有7成的經濟成長率來自消費力加上持續的創新能力和金融影響力。所以美元仍是大家最「信任」的貨幣，然而未來是否會維持下去，這很難說，但是要在一夕之間改變，沒來場戰爭真的很難。未來的戰爭早已不是空中洲際飛彈的比拚，取而代之的網路和信用機制的破壞才是最致命的武器。

　　中國過去經濟成長力驚人，然而你可能會好奇為什麼人民幣匯價就像是隻溫馴的小貓，被中國政府玩弄於手掌間，原因有兩個：一是中國穩穩控制匯率上的波動，這點對於許多新興經濟體是必要的手段，其二是中國的消費購買力是從2012年開始提升，2016年中國大陸人民人均收入為1.55萬美元，而美國人民人均收入為 5.80 萬美元 （2016 年），雖然還是有很大的差距，但中國什麼沒有，人最多，快速升值絕對會影響到中國本身國力的養成，並成為國際金融炒家的嘴邊肉。

　　因此政治凌駕於經濟之上的政策就時常發生，所幸中國是所謂的計畫經濟，因此一次次的金融風暴對中國而言，是一次次的超車趕底的機會，他們有能力避免重蹈日圓與歐元崩潰之覆轍。用基礎建設來興建創造經濟成長速度是最快的，因此人民幣資產屬於長線多頭之議題，光是相關產業可以投資機會就非常的多，不過絕非傳統經濟而是新經濟，新經濟包含第五代移動通信系統（5th generation mobile networks；5G）

# 美國歷年經濟成長率

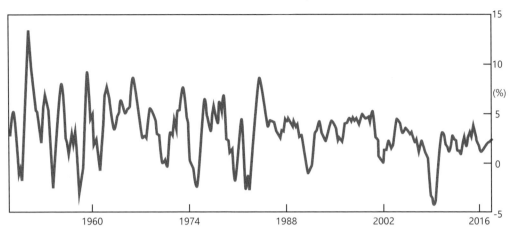

資料來源：TRADING ECONOMICSCOM

# 中國大陸歷年經濟成長率

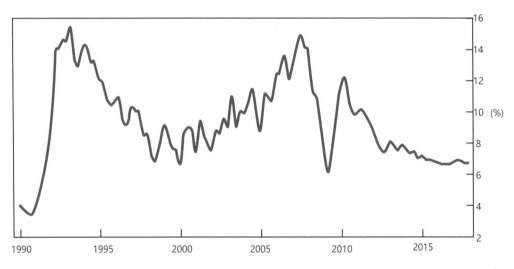

資料來源：TRADING ECONOMICSCOM

5G、人工智慧（AI）與自動化，衍生的相關投資都是長期趨勢，長期趨勢不會很快改變，產業進程也會相當緩慢，工業化時代從西元1881～1935年共54年，從工業化進展到網路時代也經過65年，至於中國從改革開放到現在經過了30年，整個中國工業化起飛大約僅10年，不可否認網路發展讓一切的發展速度都變快許多，但每次的經濟躍進成長，絕非短期。台灣必須在夾縫中求生，匯率過升或過貶，對我們來說只有傷害沒有好處，維持匯率在穩定的波動區間，兼顧經濟與民眾消費，這是不管誰當央行總裁都不會改變的。台灣早已在1970年代到1990年代就走完經濟的年輕歲月，目前台灣人口逐漸老化，且內需不振，另外產業固定集中在特定產業，因此對於台灣央行來說真的是一大挑戰，更別說夾在中美兩國的政治博弈中，我們既不是莊家更不是閒家，僅是牌桌上的籌碼。

**台灣歷年經濟成長率**

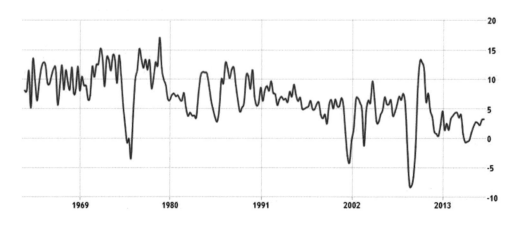

資料來源：TRADING ECONOMICS.COM

　　匯率同時是國際貿易中最重要的調節槓桿工具。匯率市場是全球最大的交易市場，主要玩家不是國家就是金融機構，而一個國家生產的商品都是按照本國貨幣來計算成本，要拿到國際市場上競爭，其商品成本一定會與匯率相關。匯率的高低也就直接影響該商品在國際市場上的成本和價格，也會影響到商品的國際競爭力。

　　例如：一件價值100元人民幣的商品，如果美元對人民幣匯率為7，代表用7元人民幣可以換到1塊美元，則這件商品在國際市場上的價格就是14.28美元。如果美元對人民幣的匯率漲到7.50，要用7.5元人民幣才能換到1美元，也就是說美元升值，人民幣貶值，則該商品在國際市場上的價格就是13.33美元。商品的價格降低，競爭力增強，價格相對其他同類型產品有價格競爭力，進而刺激該商品的出口。反之，如果美元匯率跌到6.50，也就是說美元貶值，人民幣升值，則該商品在國際市場上的價格就是15.38美元，高價商品肯定不好銷售，必將打擊該商品的出口，同樣的，美元升值而人民幣貶值就不利中國的進口，反過來美元貶值而人民幣升值卻會有利中國的進口，因為升值會帶來購買力變強。

　　說到底匯率是一把雙面刃，匯率的升貶會有人受惠，也會有人受到不利的影響，那為何匯率是選擇投資國家的條件？主要的原因是匯率反應出國家的競爭力。

　　過去的數十年，美元霸主地位從未改變，在歐元出現之後，似乎是看到一些取代性，但很可惜隨著歐元結構上的不完整，可以說是有先天上的政治缺陷，要取代美元仍是難度相當高。觀察目前特別提款權（Special Drawing Right，；SDR）中的貨幣權重，日圓和英鎊有些許下滑，美元與歐元依舊獨大的局面。

而另一個亮點就是人民幣，就像先前所說的，一國的匯率反映一國的國力，美國之所以強大，在於消費比重占美國GDP 7成比重，也就是許多產品的最終被消費地點就是美國。然而，中國從2017年開始，進行產業升級並拉高消費在中國GDP所佔的比例，所以目前中國內需消費佔GDP比重已接近5成。因此人民幣在匯率上有一定的升值潛力，而隨著中國在國際競爭影響力的提升，未來人民幣被作為主要商品貨幣計價也是指日可待的。與此同時，相關的金融投資商品用人民幣計價也會越來越多，看來中國的影響力要追上美國也似乎沒有那麼遙遠。

說到歐元，經歷過歐債危機加上英國要脫歐，也真是多災多難。有人說歐元是被美國刻意摧毀的，有相當多的資料提到相關證據，不過也許太過陰謀論。只能把它解釋成在多個不同財政體質國家下所成立的歐元，本來就注定多災多難，幸好歐元區仍有不錯的人口與產業競爭力，雖然集中在少部分國家，如德國，荷蘭，芬蘭等，但在消費上仍有優質的潛力。

日圓，以台灣一般民眾來說，真的只有去日本玩的時候才會用到，日本經歷過20年的失落經濟，倒是近年因為許多新的產業，重現難得一見的生機，人工智慧（AI）及相關工業4.0機器人概念等，都為日本創造相當不錯的出口潛力，但是匯率上升這件事日本政府應該就是能避就避，畢竟高齡化人口下要創造內需，是非常困難的一件事情。

反過來看看台灣，台灣是個外銷導向國家，但為了維持平穩的物價與購買力，因此台灣匯率必須保持平穩性，但台灣老年化程度不亞於日本，內需購買力這件事，可能難以為繼。

# 特別提款權（SDR）貨幣權重是觀察國家競爭力的窗口

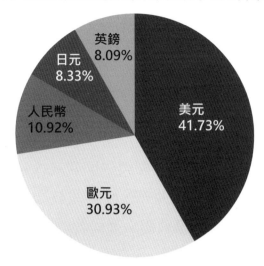

## 世界主要貨幣占 SDR 權重變化

| | 美元 | 德國馬克 | 法國法郎 | 日元 | 英鎊 |
|---|---|---|---|---|---|
| 1981 - 1985 | 0.540（約42%） | 0.460（約 19%） | 0.740（約13%） | 34.0（約13%） | 0.0710（約13%） |
| 1986 - 1990 | 0.452（約42%） | 0.527（約19%） | 1.020（約12%） | 33.4（約15%） | 0.0893（約12%） |
| 1991 - 1995 | 0.572（約40%） | 0.453（約21%） | 0.800（約11%） | 31.8（約17%） | 0.0812（約11%） |
| 1996 - 1998 | 0.582（約39%） | 0.446（約21%） | 0.813（約11%） | 27.2（約18%） | 0.1050（約11%） |

| | 美元 | 歐元 | | 日元 | 英鎊 |
|---|---|---|---|---|---|
| 1999 - 2000 | 0.5820（約39%） | 0.2280（約21%） = 0.3519（約32%） | 0.1239（約11%） | 27.2（約18%） | 0.1050（約11%） |
| 2001 - 2005 | 0.5770（約45%） | 0.4260（約29%） | | 21.0（約15%） | 0.0984（約11%） |
| 2006 - 2010 | 0.6320（約44%） | 0.4100（約34%） | | 18.4（約11%） | 0.0903（約11%） |
| 2011 - 2015 | 0.6600（約41.9%） | 0.4230（約37.4%） | | 12.1000（約9.4%） | 0.1110（約11.3%） |

| | 美元 | 歐元 | 人民幣 | 日元 | 英鎊 |
|---|---|---|---|---|---|
| 2016 - 2020 | 41.73% | 30.93% | 10.92% | 8.33% | 8.09% |

資料來源：維基百科

觀察各國貨幣的強弱變化，可以由在特別提款權中的權重變化看出端倪。

美元地位不變，但在2010年後比重下滑，歐元比重提升，2016年隨著中國影響力提高，甚至部分國家將人民幣作為貨幣儲備選擇，使得美元與歐元比重下滑，日圓與英鎊吸引力明顯下滑。

如果從匯率的角度來看，美國與中國就是投資市場首選，而美元與人民幣就是值得長期持有的貨幣，也就是核心資產，至於歐洲與日本或是新興市場應該扮演的是整體資產配置的配角。

## 由利率走向找尋受惠產業

除了觀察匯率變化，還需要再多觀察一個利率，因為利率變化影響的是無風險利率水準與借貸利率水平，反映的是投資預期報酬高低的差別，同時也影響風險性資產價格的高或低。再來還要看的是貨幣供給量變動，2008年金融海嘯之後，各國政府為了救市，紛紛大量印鈔票，所以貨幣的供給大增，也造成利率接近零水位，市場上的錢多到無處去，又擔心風險，金融海嘯之後，初期的擔憂使得資金流入固定收益市場。

而政府帶頭推動基礎建設投資，企業錢多了，就會多做投資或是併購公司，民眾則是炒房或投資金融商品，這就是資金效應。在2008年之後，沒有持有房地產或是投資金融商品的人，財富的增長幾乎是零。而只要各國央行持續供給便宜的資金，炒樓炒股的遊戲就會持續下去，所以當政府開始緊縮便宜的資金，縮減資產負債表，貨幣供給量下降時，真的就該小心。

　　當然投資市場並不會這麼快反應貨幣供給量減少後的效果，但這絕對是相當重要的參考依據，尤其2016年以來的經濟榮景完全是靠人為透過強力的貨幣供給所創造出來的流動性與資產膨脹，對實際經濟並沒有太大的助益。這並不需要舉什麼專業的例子，看看台灣民眾近幾年實際的資產狀況與民間消費就可得知，增加大量的貨幣供給並未創造實質的生產投資，而僅僅只是創造了金融相關的投資效益而已。

　　在美國倒是有顯著的薪資提升與失業率下降現象。美國在2018年已接近完全就業（失業率在4%以下），而當各國央行慢慢將資金從市場上收回時，貨幣供給量將開始下滑，金融資產將面對資金退潮的趨勢，不過先決條件在於通貨膨脹是否帶給央行收縮資金供給的壓力，而這將反映在每季央行所公布的貨幣供給指標變化上。台灣的貨幣供給指標為M1a與M2*。

　　至於每月公布要不要升息反而沒有太大的意義，因為就以美國來說，聯邦基準利率的調整是一個月期的聯邦基準利率，對於長期利率影響是輕微的，要說對股市的影響，貨幣供給指標仍是影響較大。

　　美國在貨幣供給上也有類似的金融指標（US Money Supply M1），美國的貨幣供給指標建議觀察每季公布的MZM零期限貨幣供給額*。MZM主要代表聯邦儲備銀行注入經濟體系的資金變化，這個指標領先經濟循環的谷底或高峰約一年的時間，MZM在所有的貨幣供給數據中最為可靠，也最能反應美國金融與經濟循環的發展。

*註:貨幣供給指標是為了解一個國家內所有錢的存量變化，存量多代表寬鬆，反之則是緊縮，可以上STOCK-AI.COM查詢

*註:跟台灣的貨幣供給指標類似，也可到STOCK-AI.COM查詢該數據

2018年美國已開始要縮減量化寬鬆，這場資金大戲何時會結束，全球都在看。遇上政府政策的改變但也不必太過擔憂而立即做出反應。看總體經濟最有趣的地方就是趨勢的形成與變化，往往是相當緩慢且變化多端。觀察一到兩季沒有明顯變化時，請保持敵不動我不動的應對策略。貨幣供給數據MZM就是觀察到底美國聯準會提供了多少資金流動性，而往往每次的金融海嘯幾乎主要做法就是提供給市場大量的「流動性」，因為如果市場流動性沒了，就會伴隨經濟景氣蕭條以及企業破產，進一步會造成通貨緊縮的惡性循環。因此貨幣供給數據就是市場的血液，當然「水能載舟、亦能覆舟」過多的流動性會讓市場大幅的走高。而通常當央行大規模對市場注入流動性時也並非一步到位，美國從2008金融海嘯後到2013年，共實施3次量化寬鬆對金融體系注入了大量的資金流動性以刺激金融體系回復正常運作。美國聯準會的資產負債表從9,000億膨脹到4.5兆美元的規模，也就造就這10年來不管是股市債市表現大幅上揚。是的！沒錯整整10年，如果美股好好抱住，這10年應該是獲利豐厚，但現在就要反過來看央行們是否會把這波資金水源關上了，當然絕對不會是以激烈的手段，因為沒有哪個政治人物願意承擔罵名，但可以肯定的是在逐漸收縮資金的過程中，市場的波動會逐漸加大，再加上許多大師與媒體的搧風點火，市場追高殺低的風氣肯定越來越高。

　　P103表為G20國家M1貨幣供給的變化，以2018看來如果與最高點相比（2017年整體貨幣供給水準），以澳洲與中國南韓為例，貨幣供給已出現從高點下滑。雖然美國與日本等主要量化寬鬆國家貨幣供給仍持續在高檔，但也都在資產價格大幅上漲下拋出緊縮的貨幣政策。

# 2018 年 1 月 G20 M1 貨幣供給：
# 貨幣供給比起利率是更好的資金動能指標

| Country | Last | | Previous | Highest | Lowest | | |
|---|---|---|---|---|---|---|---|
| Australia | 352.30 | Jan/18 | 356 | 358 | 8.25 | AUD Billion | Monthly |
| Brazil | 326539.53 | Feb/18 | 326185 | 363026 | 0 | BRL Million | Monthly |
| Canada | 963824.00 | Jan/18 | 965358 | 965358 | 30706 | CAD Million | Monthly |
| China | 51700.00 | Feb/18 | 54320 | 54380 | 74.51 | CNY Billion | Monthly |
| Euro Area | 7797624.00 | Jan/18 | 7748540 | 7797624 | 444118 | EUR Million | Monthly |
| France | 1203564.00 | Jan/18 | 1219349 | 1219349 | 82375 | EUR Million | Monthly |
| Germany | 2056.20 | Jan/18 | 2046 | 2056 | 65.4 | EUR Billion | Monthly |
| India | 29203.50 | Jan/18 | 29087 | 29204 | 80.15 | INR Billion | Monthly |
| Indonesia | 1325936.40 | Jan/18 | 1391479 | 1395312 | 318 | IDR Billion | Monthly |
| Italy | 1115400.00 | Jan/18 | 1123009 | 1123009 | 65564 | EUR Million | Monthly |
| Japan | 734055.20 | Feb/18 | 736985 | 736985 | 3921 | JPY Billion | Monthly |
| Mexico | 4076768045.00 | Jan/18 | 4267367550 | 4267367550 | 3093600 | MXN Thousand | Monthly |
| Netherlands | 405952.00 | Jan/18 | 451156 | 463974 | 35116 | EUR Million | Monthly |
| Russia | 18864.03 | Jan/18 | 19509 | 19509 | 106 | RUB Billion | Monthly |
| South Korea | 834968.00 | Jan/18 | 825864 | 834968 | 260 | KRW Billion | Monthly |
| Spain | 905588.00 | Jan/18 | 908078 | 908078 | 88382 | EUR Million | Monthly |
| Switzerland | 639628.00 | Jan/18 | 632571 | 639628 | 89321 | CHF Million | Monthly |
| Turkey | 433707515.40 | Feb/18 | 428210536 | 449631796 | 55562063 | TRY Thousand | Monthly |
| United Kingdom | 1717728.00 | Jan/18 | 1708160 | 1717728 | 82315 | GBP Million | Monthly |
| United States | 3614.00 | Feb/18 | 3648 | 3648 | 139 | USD Billion | Monthly |

資料來源：tradingeconomics.com

既然資產價格要上漲，就要有源源不斷的資金去推升，2008年以後全球不管任何資產都是依靠著便宜且廉價的資金去推升，因此如果便宜的錢不見了，未來在選擇市場或產業投資上，反而會往價值類商品去走，簡單來說就是民生消費。那些你不得不用的商品。因此當發現貨幣供給持續往上，高成長型或者新興產業的表現絕對亮眼，但當貨幣供給往下走時，防禦類型商品的投資需求就會拉高。

## 美國 M1 貨幣供給變化

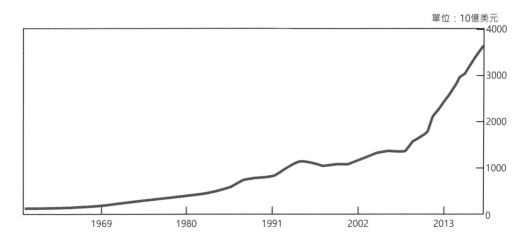

單位：10億美元

資料來源：tradingeconomics.com

## 經濟成長率

　　經濟成長率（GDP）高就是好嗎？是的，代表國家投資與產業活動很熱絡，股票市場也都會有飆升的行情。經濟的快速增長，通常無法持續太長的時間，不過10年以上的經濟快速成長也曾出現（中國GDP成長率從1998年至2008年，維持7%以上的成長），如何維持國家經濟成長率就看執政當局的野心與政策的實施，只是有個重點必須說明，國家經濟成長率隨著經濟體規模不斷成長，經濟成長率本來

就會逐漸下滑，就好比現在美國GDP國內生產總值已來到接近19兆，不太可能期待他會有7%至8%的經濟成長率，有的話會很恐怖因為不曉得經濟成長的來源是哪來的，所以中國政府能夠維持每年6%以上的經濟成長率已是相當優異，至於其他的新興市場特別是經濟規模仍不大的都還在發展的初期，接近10%甚至更高的經濟成長率都不會令人太意外，也是應該的。

從金融投資角度來觀察，美國與中國或是印度都是屬於土地幅員廣闊且產業公司多元、人口眾多的國家，是相當不錯的標的區域，如果覺得麻煩或不想花那麼多腦筋，那麼投資全球股市就好，將所有的產業與股市一次一網打盡，除非外星人攻打地球或是地球爆炸毀滅，否則全球金融市場是不會消失的，只有不斷多空循環而已。

全球市場過去數年的經濟成長率變化就是在0.8%到2.2%之間波動，景氣好的時候多一點，差的時候少一些。所以直接買進全球型的ETF會是很好的選擇，可以跟隨全球景氣的變化成長。

二十一世紀早已是地球村彼此緊密相連的時代，現在已經是秀才不出門能知天下事的世界了，透過網際網路你可以搜尋到各式各樣的資訊，多數國際企業你不但聽過，而且還天天在使用這些公司所提供的商品與服務，不管吃的、用的、穿的、看的，都跟這些企業有關係。手機用蘋果、藥品類的是輝瑞藥廠、遊戲機的專家像是任天堂與SONY，或是速食品牌麥當勞與肯德基，還有許多你所熟悉的品牌都是很不錯的標的。而全球型的ETF就是涵蓋這些國際知名且具規模的公司，省去了選股困難度。近年中國企業的影響力越來越大，這是值得注意的，你可以看到豪華房車的賓士汽車，第一大股東已變成中國的吉利汽車了。

說海外企業距離我們太遙遠而不做海外投資非常可惜。例如美股，有許多人對擁有蘋果的手機是如此的熱衷，但卻不買美國的蘋果股票，而是買它的代工廠商，雖然投資台股，的確多了分親切感和家鄉味，但不可否認的是台灣大部分公司都沒有長期的品牌價值，反而都是這些全球知名品牌的代工廠，這個名稱可能不太好聽，換個好聽點的說法，就是這些品牌公司的主要供應鏈廠商，但這也註定這些代工廠所能獲得的利潤非常微薄。

## 政治影響力要懂得看門道

產業的發展，可以忽視政治力。不過政治對產業的影響，有長有短。要小心分辨。台灣政黨輪替後，政府丟出台灣要放棄核能發電改用替代性能源發電，雖然做到的難度非常困難，但是看一下其他先進國家電力或是替代性能源做得好的國家，通常電力水力都是不會太便宜的。而台灣的民間水力電力的成本卻相當低，也就是說今天政府要採用替代性能源來取代傳統電力，有絕大部分都是必須依靠政府的補助，既然是政府補助，其實就是拿民眾納稅錢來補貼廠商，然而長期的補貼無法長久，替代性能源取代核電的政策難度有如登天。

太陽能發電廠投資，有如雨後春筍般地冒出來，越來越多人投入太陽能電廠投資的主要原因是從2012年開始太陽能上中游產品價格大幅跌價，使裝置太陽能電站更便宜，否則依照過去的設備價格，短期內太陽能發電要普及的難度相當高，同時加上又有政府補助發電，銀行也提供便宜的融資貸款，太陽能發電產業也就在政策推動之下蓬勃發展起來，所以沒有什麼是比跟著政府的政策方向做投資來的更好了。

　　政治影響力絕對不容小覷，現階段沒有幾個國家能像中國那樣不遺餘力地推動傳統汽車業轉向電動汽車，因為中國不是自由經濟而是計畫性經濟。2017年中國就宣布，將在2030年用電動車取代汽油和柴油汽車。法國和英國也表示，它們將在2040年禁止傳統燃油汽車，德國議會呼籲2030年禁止燃油汽車，這裡說的不止電動車，而是廣泛地指所有新能源車。新能源車包括電動車、生質能源車等非傳統能源的汽車，因此這波的汽車革命，將不會是短期。

　　中國同時宣布全面出台一系列的法規，迫使汽車製造商從2019年開始達到逐年增加的電動車產量配額要求的政治強力宣導，從中國車市的反應來看，中國在電動車產業上是非常快速成長，成為世界上舉足輕重的電動汽車市場的，目前中國也已經是全球第一大汽車市場。除了中國電動汽車（無論是純電動汽車還是混合動力汽車）是《中國製造2025》（Made in China 2025）產業政策的一部分。

　　另外，中國還希望到2025年在10個高科技產業擁有國家級冠軍企業，包括機器人、半導體和電動汽車。近年在中國表現最好的產業也是這些公司，這就是政治影響力帶出產業影響力的最佳範例，可見得這些新經濟產業未來成長趨勢走的長遠的機會高很多，環保企業也是其中一樣，相反的，過去高污染的產業可就沒有油水撈了，而這樣的例子在中國或其他國家實在是屢見不鮮。

# LIT ETF ：電動車政策推動鋰電池產業成長

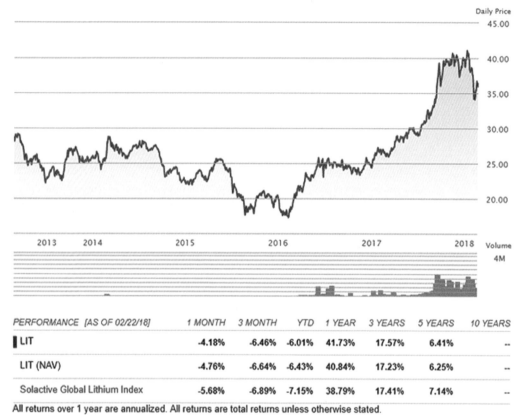

| PERFORMANCE [AS OF 02/22/18] | 1 MONTH | 3 MONTH | YTD | 1 YEAR | 3 YEARS | 5 YEARS | 10 YEARS |
|---|---|---|---|---|---|---|---|
| ▌LIT | -4.18% | -6.46% | -6.01% | 41.73% | 17.57% | 6.41% | -- |
| LIT (NAV) | -4.76% | -6.64% | -6.43% | 40.84% | 17.23% | 6.25% | -- |
| Solactive Global Lithium Index | -5.68% | -6.89% | -7.15% | 38.79% | 17.41% | 7.14% | -- |

All returns over 1 year are annualized. All returns are total returns unless otherwise stated.

資料來源：etfdb

　　那政治議題呢？每年各國大小選舉甚至國際事件議題，看看就好，因為常常跟預期的不一樣之外，還會歹戲拖棚，投資市場過度反應的下跌反而是進場良機。像英國脫歐議題就是其中一例，政治事件對股市與金融影響皆為短期效應。不過如果牽扯到經濟、商業、產業、金融等議題，例如2015年的美國總統大選，選前雙方候選人都說要砍藥價，倒大楣的就是生技產業，尤其是製藥領域，股價紛紛大跌，同時與健保補助沾上邊的產業無不悶到最高點。

　　美國總統大選期間，雙方候選人都想幫大家爭取公平正義，對

醫療產業追殺，紛紛表明只要當選必定會為廣大的民眾爭取合理的藥價。但選後呢？好像又是船過水無痕，當初要幫美國民眾爭取藥價調降的政策，好像有段時間沒聽到消息了，而且美國的醫療支出不降反升，超跌的股票投資的良機（XBI 與 IBB 等 ETF）就出現了。

很多人會納悶為什麼會這樣呢？美國政治圈都是接受財團的捐贈，不管哪個領域的企業都會對所有候選人提供政治獻金，簡單說就是這些財團或企業是在買保險，為往後對自身有利的政策做鋪路，而這樣的情況也是放諸四海皆準，每個國家都差不多。

## XBI ETF 2015 年總統大選受到影響

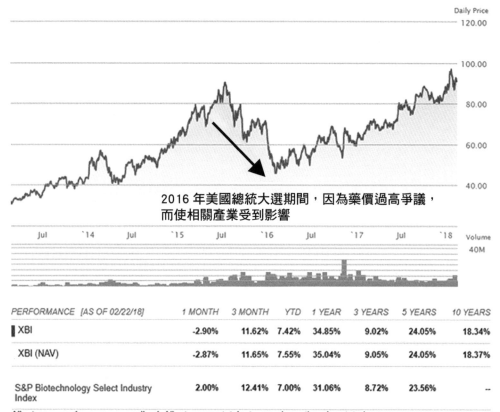

2016 年美國總統大選期間，因為藥價過高爭議，而使相關產業受到影響

| PERFORMANCE [AS OF 02/22/18] | 1 MONTH | 3 MONTH | YTD | 1 YEAR | 3 YEARS | 5 YEARS | 10 YEARS |
|---|---|---|---|---|---|---|---|
| XBI | -2.90% | 11.62% | 7.42% | 34.85% | 9.02% | 24.05% | 18.34% |
| XBI (NAV) | -2.87% | 11.65% | 7.55% | 35.04% | 9.05% | 24.05% | 18.37% |
| S&P Biotechnology Select Industry Index | 2.00% | 12.41% | 7.00% | 31.06% | 8.72% | 23.56% | -- |

All returns over 1 year are annualized. All returns are total returns unless otherwise stated.

資料來源：etfdb

那專制的國家呢？有這種情況嗎？不是沒有，只是更難掌握，因此必須睜大眼睛觀察，或許真的會有絕佳的投資良機。

　　至於戰爭議題的話，除非哪位總統不小心按到核彈按鈕或是某兩國軍事衝突成真，造成地緣政治的實際爭端，否則雖然會震盪，全球金融市場最終還是會反應個別市場經濟規模的成長。

　　而國與國之間的叫囂與恐嚇，有時候就當百集連續劇中演的愛恨情仇倫理大戲一樣看看就好，選擇哪個國家值得投資，就像買股票一樣要買主流股，而買國家就是買強盛的國家，國際間較勁的仍然是比誰的大腿比較粗，至於中國是否取代美國成為世界第一強國？指日可待。

## ♛ 3個方向抓住強勢產業機會

　　韓劇與韓國的娛樂產業，這幾年這麼紅的原因究竟是為什麼？有人說因為男的帥女的美，絕佳的戲劇呈現與舞台舞步的設計，配合高超的行銷操作與活動包裝，不只風靡亞洲，連西方國家也一堆迷哥迷妹，而整體韓流創造出來的產值也真是驚人。韓國文創產業產值在2017年來到3.3兆新台幣，已經與韓國半導體產業產值相當，台灣則是望塵莫及，只能佩服韓國在娛樂產業的高超行銷包裝。除了娛樂產業，韓國化妝品產業也是有驚人的成長（見下圖Amore Pacific stock price）這些日常生活中就可以觀察到的投資機會，讓你要挑選出強勢產業並不難。

### 韓國化妝品公司 Amore Pacific 股價一路上漲

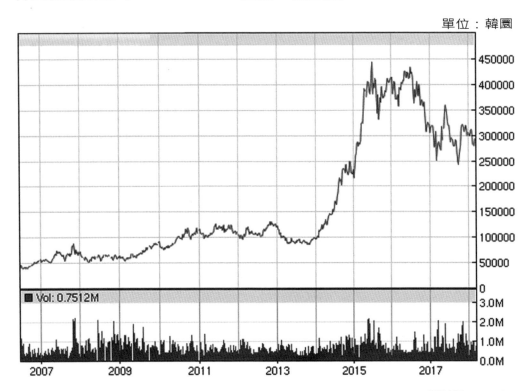

資料來源：google finance

2018年光華商場賣最好的大概就是高階顯示卡，這是比特幣價格創新高下的產物，比特幣兌換美金價格從2015年的3百多美元一路大漲至2017年最高來到接近1萬9,000美元，帶動許多人投入「挖礦」，而挖比特幣就是需要使用高階顯示卡GPU，因此包含Nvidia、台積電等公司就明顯受惠。此外如果有機會到各百貨公司走走，你會看到許多大人小孩圍繞著寶可夢機台與以及許多小孩最愛的多美卡小汽車與火車等玩具，這些產品多出自於日本TOMI與BANDAI這兩家公司，這些可都不是新技術新產業，而是生活中留意觀察就容易發現的。然而就創新技術而言，新的創新產品其實相當稀少，但老酒新裝變出新玩意新把戲的，倒是往往可以看到不同的風景。近期相當熱門的電動車概念、人工智慧、物聯網題材乃至於核融合技術不就是這樣的衍生概念嗎？

　　在地球經濟不斷演進以及人口不斷增加下，全球資源不斷減少，且因人口結構老化使勞動力越來越多，許多企業必須重新定義產品生產的方式，正視實際持續穩定獲利的議題，產業的創新其實就是不斷優化製作過程以求降低成本，並將利潤極大化為主要目標，從這個角度去思考就可以看到未來投資趨勢所在。

　　建議可以注意許多投資機構與產業研究機構所做的產業前景分析資料，還有產業季度展望報告。每年像券商或投資機構也都會舉辦相關產業研究，台灣的中研院或是IDC等組織也常常提供相關的研究資料，這都有助了解一個新產業目前所在位置與未來可能的發展性。但不建議太廣泛的研究，可先從自身較為熟悉或是目前所從事的產業著手，同時研究重點除了產業未來的成長空間外，記得聚焦在產業本身的風險。

　　舉例來說，2017年以來自駕車題材相當火紅，但是自駕車是否能真實上路，這並非技術議題而是法律的問題。怎麼說呢？當自駕車行駛在一般道路時如果發生事故，請問責任如何歸屬？如果撞到人，難道是電腦要去坐牢亦或是自駕車生產商要負起事故中的最後賠償責任？很明顯自駕車上路議題非單純產業問題，當中包含法律、金融保險與其他複雜問題。所以有許多相關業者樂觀預期很快會實現自駕車上路，這就是過度樂觀的預期了。

　　當然傳統產業也可以用同樣的方法來做觀察，專注在產業的研究比去研究單一公司的營收變化更能了解整體產業的完整面貌。也有許多產業型的ETF可供投資搭配，幫你去掉單一個股投資的風險，並且ETF交易成本與持有成本都相當低廉，非常適合用來長期投資未來有成長潛力的產業上，下面就告訴你從哪3個方向來找到強勢產業。

## 方向一：非經濟因素而下跌的產業

　　非經濟因素下跌出現，就是找尋投資機會的時候，利用價值投資方法找出具投資機會的標的。不錯的產業也會遇到逆風，而這必須回到每個人對於基本面的了解深度與廣度。有趣的是通常在資產價格大幅度下跌時，在趨避風險的心理下，很多好公司會被錯殺。但是下跌並非全然是整體經濟衰退的因素，有時候只是產業供需出現短期失衡，像某些國家或產業只是因為地緣政治的影響或是短期供需失衡而出現大幅度下跌。

　　這種情況發生在國家的話，就是資金大量外流以至於貨幣貶值，發生在企業的話，就是營收獲利大幅衰退或市占率明顯下滑。通常如果國家出現這種狀況，幾乎都是很好的投資機會，碰巧如果這個國家

擁有很多「祖產」的話，那就是機會中的機會，就像2016年的巴西股市與俄羅斯股市真的是再明顯不過的走勢了。

2016年因為石油價格下跌，造成原物料價格也大幅波動，俄羅斯的外匯收入出現波動，股市也出現近20%的修正。巴西也遇到同樣的問題，同時再加上總統改選的政治議題出現，造成股匯市都明顯波動，而這樣的波動出現反而是找尋投資的好機會，畢竟這些國家擁有龐大的天然資源（不可多得的祖產），當波動事件過後，股市往往都會回升，只是要投資這樣的國家也需要對這些國家的狀況有較深入的了解，且投入的比重也不建議過高。

但如果是發生在企業身上，那就不一定了。因為當拳王被打倒時，也代表另一個新拳王的誕生，但也並非就要去追捧新拳王，而是必須想想是不是這個產業變革帶來的是巨大的板塊變動，而原本舊有的產業到底存在的是長期價值還是剩餘價值？這必須透過時間追蹤與觀察。這樣的機會在大盤多頭下是找不到的，只有海水退潮後才能看到誰在裸泳。

不過好的公司會有幾個跡象，從財報資料來看就是營業利益維持穩定成長，而這類的公司通常也都帶有些寡占性與不可取代性。像公司的品牌價值具不可替代性，iOS系統的蘋果手機被定義為手機中的精品，有些人會覺得不同意，因此在分析蘋果公司的時候會有這樣的成見，但卻忘記蘋果品牌真正的價值在於它的雲端服務提供給使用者極佳的用戶體驗。且產品外觀提升使用者形象的邊際效應，這部分是大部分人會忽略掉的。更不用說蘋果在經營上的超優成本利潤控制。

## 巴西股市走勢

資料來源：TRADING ECONOMICS.COM

## 俄羅斯股市走勢

資料來源：TRADING ECONOMICS.COM

拳王為何能當拳王？並非單純只靠市占率，市占率絕對是一時的，唯有品牌價值才能深得人心。而海外公司通常比較多具有這樣的價值。再舉一例，中國代工的亞曼尼西裝仍舊賣的貴，而台灣廠牌儘管製程用料更好，也不可能在同一個量級上比較，就只因為亞曼尼有品牌價值。

　　因此當產業或國家的非經濟因素下跌時，這些有品牌價值的公司的投資機會都相當不錯，上漲的空間也大，只是一次次產業循環能夠維持強勢的是誰？能有多久？是一個分析上的難題。

　　看看Apple年報，營利率（OP margin，企業實際銷售產品並扣掉相關支出後所獲的利潤）怎麼看都不像一般科技公司。過去5年平均28.48%，2008年金融海嘯仍有22.21%，當然Apple賺錢的業務並不只來自於電子消費品的銷售，事實上Apple在服務業務的營收貢獻也非常顯著。因此在過去的10年當中，不管在營利率或是在每股獲利表現都相當亮眼，說他是隻大金牛也不為過。簡單說一家能夠不斷創造大量現金的公司非常吸引人，因為當企業本業能夠不斷創造穩定且大量的現金流，也代表公司產品在市場中受到多數人的認同，而這樣的公司也能在穩定的現金流下累積龐大的資本，在未來也能運用其自身累積的資本投入新產業，而不需要再向股東要錢。

　　如果有任何符合這樣條件的公司都是不錯的標的，蘋果公司的確符合這樣的投資潛力，注意我說的是蘋果公司並不是蘋果的代工廠，差別在於蘋果產品中獲得最終收益最大的是蘋果公司而非代工廠。

# 蘋果營利率表現突出

## Financials

| Fiscal | 2008 | 2009 | 2010 | 2011 | 2012 | 2013 | 2014 | 2015 | 2016 |
|---|---|---|---|---|---|---|---|---|---|
| Revenue (Bil) | 37.49 | 42.91 | 65.23 | 108.25 | 156.51 | 170.91 | 182.80 | 233.72 | 215.64 |
| Operating Income (Bil) | 8.33 | 11.74 | 18.39 | 33.79 | 55.24 | 49.00 | 52.50 | 71.23 | 60.02 |
| Operating Margin % | 22.21 | 27.36 | 28.19 | 31.22 | 35.30 | 28.67 | 28.72 | 30.48 | 27.84 |
| Net Income (Bil) | 6.12 | 8.24 | 14.01 | 25.92 | 41.73 | 37.04 | 39.51 | 53.39 | 45.69 |
| Diluted Earnings Per Share | 0.97 | 1.30 | 2.16 | 3.95 | 6.31 | 5.68 | 6.45 | 9.22 | 8.31 |
| | | | | | | | | | |
| Operating Cash Flow (Bil) | 9.60 | 10.16 | 18.60 | 37.53 | 50.86 | 53.67 | 59.71 | 81.27 | 65.82 |
| Capital Spending (Bil) | -1.20 | -1.21 | -2.12 | -7.45 | -9.40 | -9.08 | -9.81 | -11.49 | -13.55 |
| Free Cash Flow (Bil) | 8.40 | 8.95 | 16.47 | 30.08 | 41.45 | 44.59 | 49.90 | 69.78 | 52.28 |
| | | | | | | | | | |
| Average Shares Outstanding (Bil) | 6.31 | 6.35 | 6.47 | 6.56 | 6.62 | 6.52 | 6.12 | 5.79 | 5.50 |

資料來源：Morningstar

# 蘋果每股獲利也有表現突出

## Financials

| Fiscal | 2012 | 2013 | 2014 | 2015 | 2016 | 2017 | YTD | TTM | 5-Yr Avg |
|---|---|---|---|---|---|---|---|---|---|
| Revenue (Bil) | 156.51 | 170.91 | 182.80 | 233.72 | 215.64 | 229.23 | 88.29 | 239.18 | 205.97 |
| Operating Income (Bil) | 55.24 | 49.00 | 52.50 | 71.23 | 60.02 | 61.34 | 26.27 | 64.26 | 59.10 |
| Operating Margin % | 35.30 | 28.67 | 28.72 | 30.48 | 27.84 | 26.76 | 29.76 | 26.87 | 28.73 |
| Net Income (Bil) | 41.73 | 37.04 | 39.51 | 53.39 | 45.69 | 48.35 | 20.07 | 50.53 | 44.90 |
| Diluted Earnings Per Share | 6.31 | 5.68 | 6.45 | 9.22 | 8.31 | 9.21 | 3.89 | 9.74 | 7.77 |
| | | | | | | | | | |
| Operating Cash Flow (Bil) | 50.86 | 53.67 | 59.71 | 81.27 | 65.82 | 63.60 | 28.29 | 64.66 | 64.49 |
| Capital Spending (Bil) | -9.40 | -9.08 | -9.81 | -11.49 | -13.55 | -12.80 | -2.96 | -12.34 | -11.35 |
| Free Cash Flow (Bil) | 41.45 | 44.59 | 49.90 | 69.78 | 52.28 | 50.80 | 25.33 | 52.32 | 53.14 |

資料來源：Morningstar

## 方向二：企業整併後出現的寡佔市場效應

近幾年最大的新聞，莫過於巴菲特投資美國四大航空公司股票，巴菲特過去曾經在投資航空公司上慘遭滑鐵盧也認賠出場，但這次卻在2017年大手筆購買航空公司股票。如果就投資的想法來看，美國航空業就是在多年下來彼此競爭之後，許多較小型或體質不佳的航空公司被迫退出運輸市場。而且美國航空運輸量仍是逐年穩定成長，畢竟飛機仍是目前相對快速且安全的運輸方式，也因為競爭業者減少，剩下的主要航空公司對於利潤變化甚至售價的掌握程度也就越來越高。

這是相當初步的看法，如果要投資個股的話可能必須再深入細看各別公司對股東的友善程度。美國股市很有趣，對於股東都相當友善，公布的訊息都非常清楚，投資人在訊息的取得也相當方便，我就常用Seeking Alpha這個網站來追蹤法說會的逐字稿，對，沒錯，就是完整的法說會紀錄資料。

反觀台灣只有記者報導後的資料，除非上各家公司的網站裡，有一個投資人關係選項，一家一家的找，否則查不到，同時這也僅止於較為知名的上市公司，像是台積電或是大立光等，其他中小型公司就都是媒體記者的轉述，可信度及可採用度都會大大降低。

而如果是選擇投資ETF就相對簡單許多。舉例來說，就以目前美國上市的IYT運輸ETF來看，從2004年上市之後，歷經海嘯與產業整併，長期下來也有相當不錯的回報（IYT ETF 2009~2017平均報酬約3倍，如右圖），雖然是過去的報酬績效，但也可了解產業在歷史的洪流中的不斷的演進。

　　除非未來科學家發明出小叮噹的任意門，亦或者是Tesla老闆馬斯克先生完成他的超級高鐵（Hyperloop），才可能打破目前的人類移動方式。否則短時間之內的運輸方式，並不會立即改變，夢想與現實間的差異，就在一線之隔，但夢想是美麗的，事實往往很殘酷，所以投資還是簡單點就好，<u>越是寡佔的市場（意指同一產業當中的競爭者家數少）</u>，長期穩定獲利機會越大。

## IYT 美國運輸行業 ETF 的淨值走勢

| PERFORMANCE [AS OF 02/22/18] | 1 MONTH | 3 MONTH | YTD | 1 YEAR | 3 YEARS | 5 YEARS | 10 YEARS |
|---|---|---|---|---|---|---|---|
| IYT | -8.16% | 8.69% | -1.78% | 11.66% | 5.84% | 13.37% | 9.75% |
| IYT (NAV) | -8.18% | 8.67% | -1.76% | 11.61% | 5.82% | 13.37% | 9.75% |

資料來源：etfdb

## 方向三：背後有靠山的產業

如先前所提到的，國家政府大力推動的主要產業都將會是強勢產業，同時強勢產業必定伴隨大量的人力與資金的投入，因此要找到強勢產業並不難，政府風向往哪走，投資資金就會往哪走。

但有一點必須注意，請同時了解國家的舉債情況。雖然政府可以無限制的印鈔票，但如果該國家已負債累累，往往會造成產業推動趨勢無法持續，再者如果該國又是以出口為導向，那麼一國的經濟發展，早已被進口國家一手控制。看看美國的貿易制裁，每次發布制裁名單前都是風聲鶴唳，現在看來只有中國比較有能力跟美國抗衡，只是目前還沒完全追上而已。

同時要也提醒的是，強勢產業的爆發成長並非一蹴可幾的，通常還會伴隨投資縮手或者是被迫整併的陣痛期等種種負面因素。畢竟多數創新產業初期在沒看到實際獲利時幾乎都是預期過度樂觀。雖說有夢最美希望相隨，但高度成長的產業通常難以評估，也沒有適合的財務模型可算出這間公司的基本價值在哪。

因為從財務報表看到的創新產業就只是虧損與借貸，目前我們大多使用來預估企業價值的模型都是數十年前所留下來的相關資料，雖然有不斷做更新調整，但實際上跟不上這些新企業的天馬行空。相對而言在觀察這些創新產業公司的時候，反而建議可從整體創新產業的成長趨勢變化與其產業的上下游公司著手。

例如以電動車產業來看，占整台車中成本最重的零件就是電池，因此可觀察上游鋰、鈷和鎳3種原物料的開採公司（FMC與ALB. US），當然也可以透過產業型的ETF來做投資（LIT鋰電池ETF），

畢竟產品開發需要有上游原物料，賣出產品需要有通路也要有最終端的消費者，一個創新產業領域絕對不是一家公司就能獨立推動，而是需要許多公司一起共襄盛舉。當產業的上中下游形成一個所謂的產業生態系（Eco System）後，整體產業產值就會明顯提升，也因企業之間彼此相互依存度都非常密切，當上游業績表現強勁時，也代表中游與下游的需求絕對不差。

要如何獲得相關資訊，建議可以多往中國相關研究單位去蒐集資料，中國有電動車協會、人工智慧機械協會等，它們也不斷提到生態系的形成，同時在文字上比較沒有障礙，產業資料相當的多元豐富。

國外也有相當多資料＊，從總體經濟到產業與個股的資訊都有，總經與產業資訊可以到 Trading Economics 和 MorningStar 閱讀，另外我最常用的海外股票部落格為 SeekingAlpha，如果你想知道每年波克夏法說會中巴菲特的投資想法，也可以在該網站逐字稿與年報中看的到。

找到具有發展潛力的產業，還有哪些資訊來源呢？ IDC（idc.com）與 NPD（npd.com）都是不錯的網站，要了解產業的趨勢，還有相當多其他的網站可以找尋資料，如這幾年大數據浪潮下，中國官方更成立了許多相關網站，比如中國的投資界網站（pedaily.cn）或是中國央行網站（pbc.gov.cn）都有許多產業數據可參考。

*註 參考網站
*Trading Economics https://tradingeconomics.com/*
*MorningStar http://www.morningstar.com/*
*SeekingAlpha https://seekingalpha.com/*

回到背後有靠山產業的產業討論中，許多優秀的產業在發展初期，的確多少獲得政府的支持與在稅務上的減免，看看台積電的發展過程就很清楚了，而這也給我們在投資上有很大的獲利空間，目前台積電整體市值已占台灣股票整體權重超過兩成，為台灣股市中第一大，反過來說如果台積電獲利明顯衰退，或是半導體產業下滑，台灣的經濟就將遇到顯著寒冬，這樣一家公司獨大於一國股市的情況，在國際上都是很少見的，也不是太健康的情況，表示數十年來台灣的產業發展情況非常不均衡，就算投資台灣50（0050 ETF）也是屬於高風險的投資，因為指數成分過度集中在某一檔個股。

## ♟ 產品生命周期對產業個股選擇的影響

沒有飛上天的成長，只有不斷更替的產品，這裡從產品的4個生命週期來帶你了解每個時期的選股重點。

### 草創期：如何在高負債比的公司中挑出勝利者

對於對草創型公司與產業的觀察與研究，聚焦在一個新的商業模式是否能夠實現。

假設新的商業模式與科技應用未來實現的可能性極高，且能帶來乘數效果那就具備投資價值。你可能會發現「新創」這名詞幾乎是近年財經媒體常會報導的議題，尤其不管是美國與中國甚至台灣有許許多多的新創公司，那些天天佔據媒體版面的我們叫它「獨角獸公司」。就是公司估值最高且吸引最多投資機構疼愛的公司，天天都會聽到它們又圈了數量級的投資資金。其中又以科技型獨角獸公司數量最多，這些新創公司成立的時間往往只有幾年，同時公司都承擔相當高的負

債比例，但它們都有一個共同點就是夢做得比誰都還大。有開發超高速鐵路的、有要到火星殖民的、或是一些可能聽都沒聽過的科學技術，有些人聽到可能會不屑的說做夢比較快啦！我不否認很多新創公司真的是作夢，不過想當初的谷歌（Google）、蘋果手機、或是達爾文醫學機械手臂，哪個不是從做夢開始的？現在不也成為一方之霸主了，因此對於許多草創型公司，我並不會因為公司沒有漂亮的資產負債表，就去忽視它，反而會好好研究它，說不定就會找到下一家谷歌或蘋果也說不定。

如何去評估一家草創型公司值不值得投資，有兩個重點：首先，公司所開發出來的服務是不是具備廣大的需求作支撐（國家大力支持的產業，是確保需求的來源之一）。公司經營業務是國家的重點發展區塊，只有不斷成長的需求才能支撐公司的營運，既然要有廣大的需求作支撐，就不一定在全新的領域，很有可能是在舊的產業中發展出降低成本，提高附加價值並有極佳的客戶體驗的產品。舉個例子，優步（UBER）明明就是租車，你說叫網路叫車也對。但網路叫車也早已不是什麼新鮮事，但為何它能受到投資人關注？是因為它的商業模式「分時共享」觀念，讓原本擁有車的人變成出租車駕駛，利用網路媒合，對於原本就擁有車的人來說多了賺外快的機會，而對於乘客來說，因為所乘坐的不是一般的計程車，而有了不同的體驗，這樣的「分時共享」商業模式，還有另一家新創叫做「Airbnb」專做大眾出租住宿民宿的網路公司，都是很受到注目的新創公司，因此我們可以知道全世界仍有很多需求是沒有被滿足的，當這些新創公司能掌握到這個趨勢，成功的機會就相當高。

其二，年輕的新創公司要關注的就是管理團隊的經營管理效率。

既然是新創公司，公司的營收表現一定波動劇烈，公司的負債比率通常也相當高。這時考驗是最大的，如果沒有富爸爸的話，就要想盡辦法活下去，這時管理能力就決定一切。許多的新創公司老闆都相當年輕，在經營管理上都相當的自由與開放，辦公室新潮而且員工的福利都相當好。光是冰箱裡的免費飲料與零嘴無限供應就不知道要讓多少在傳統公司的員工好生羨慕，但是公司在草創期要想辦法活下去，比的是氣長，如果因為向投資人募了大錢，就無限自由的揮霍，那這樣的草創期公司不出幾年大概就玩完了，<u>因此觀察草創期公司要觀察費用支出變化，公司的管理層是不是真的能夠達到它們所說的願景，就觀察在拿到投資人的資金時，是否能持續堅持他們的創業理念。</u>

過去有相當多草創期公司老闆在沒有拿到任何投資時，出門搭公車，出差坐經濟艙，甚至跑客戶住飯店也選擇便宜的不會在意飯店到底有幾顆星星。但拿到投資人大筆資金之後就不同了，出門要有司機，出差要坐頭等艙，甚至非五星飯店不住等改變。使得整個公司經營費用暴增，除非公司有金山銀山讓他燒，否則這樣的公司通常還沒到上市櫃大概就變砲灰了，就算真的上市櫃了，股價也會忠實地反映基本面表現。

舉個例子，假設我在路上突然靈光一閃，想到了複雜的公式並利用複雜的公式生產出能在一個月內消除台灣上空的大量的PM2.5，這個公式絕對可以賺大錢，於是我開公司要生產這神奇的產品，生產產品需要設備及員工，向銀行或其它管道借貸成了我的一個選擇。另外找許多的VC（創業投資公司）來幫我抬轎，說到這裡我都還沒開始賺錢卻已經開始負債。跟銀行借貸要利息成本，透過募資要分配盈餘，因此在公司草創時期燒錢的速度比喝水還快，因此相當多公司還沒開

始就注定是曇花一現。有個評估的重點是：這個產業方向對嗎？假如這個產業方向對，那就是比氣長比誰的大腿粗（股東背景），因此人家常說新創公司賣的是一個夢，賣給銀行、給創投、給股東。所以在企業初創期風險最高也最難評估。

初創型產業還有個重點一定要看，那就是現金流，因為持續虧損的公司，就有如倒數定時炸彈，無時無刻都是危機，不管續命錢從哪來都是為了活下去，這時股東的背景就很重要，背後投資的股東如果是國際知名企業，那麼新創公司存活下來的機率會大大提高。而營收以及網路公司的流量很重要，草創期公司的價值推升，完全靠所有投資人對新創公司發展的「期待」。

## 成長期：營收成長率重要，但實際毛利率與營利率更重要

進入到成長期，這時已經不是拿著募資委託書到處圈錢的時候，而應該是不斷的擴大產能及產線，或是發起一連串的併購與市場競爭，這時期通常是營收與獲利快速的成長。

騰訊是我最常舉的例子，馬化騰這位在我心目中的創「市」神，從2011推出支援安卓與蘋果的即時通訊軟體開始，搭上中國手機市場起飛，從單純的聊天平台商，轉變為橫跨金融、娛樂、影音、醫療等多元發展的集團公司，在微信這個平台下整合出一家又一家的公司，也持續併購一家又一家的企業，在產業輪替過程中，看他建立起一道道的安全邊際。

如果騰訊倒了，其他的公司會如何？應該對市場會產生相當大的影響，畢竟騰訊底下所投資的公司，已經不是以百來計算的，而是

數千家，更重要的是相關聯的公司更是無法計算。在美國的波克夏公司、蘋果、亞馬遜等公司也同樣是如此，並不是成長型產業不符合價值投資，而是如何找到其賴以維生的安全邊際才是最重要的，成長期的公司必須除了有跳躍式的營收之外，還要有清楚的產業定位，並且有能夠吃下相關公司形成「特有生態系統」的能力。

生態系統這個名詞最近很常被提出，在台灣反而較少聽到，因為台灣大多還是代工為主，要說有哪家公司能夠成為一個生態系的領頭羊，我想市值佔台股20%的台積電，應該當之無愧。但其所屬產業是晶圓代工，如果追蹤過台積電的獲利盈餘變化，10%成長率已經幾乎是封頂，要不是AI、區塊鍊、5G的新晶片帶來的新獲利，原本的晶圓代工只能說獲利維持平穩。

因此在成長期公司要非常重視毛利率變化。毛利率就是（營收─生產成本）／營收，毛利率高也就代表產品獲利空間大，而營業利率也高就表示公司在經營過程中，公司在管理業務上具備效率的表現，產品受到市場喜愛很重要，經營團隊的管理能力也很重要。毛利率與營利率同時成長這樣的公司當然要長期投資，但這不是真的，只是舉個例。這也說明一個重點，那就是成長期公司被逼著要不斷的獲利與成長。

## 成熟期：誰的管理好

成長期之後伴隨的就是成熟期，在這個時期的營收數字到頂了，甚至還會帶點小幅衰退震盪，出現所謂產業的淡旺季，這都是屬於成熟期的狀態。許多有為的大老闆一定求新求變求生存，只有比較保守

的老闆會說堅守本位，這樣的老闆通常有兩種可能性，要不就是公司已經是行業市佔第一，要不就是經營態度過於守舊不願意創新。

反正偶爾放個接到大單的利多，炒炒股價亦或者是業外操作一下。但更應該期待看到的是，像前面在成長期中提到的產業的生態系形成，甚至該公司自身創造出一個產業生態系統。

就像是中國大陸很火的網紅經濟，就是不斷的像變形蟲一樣生出新的分支，因此已步入成熟期的公司就是要觀察管理層是否能找到另一部成長引擎，讓公司再上另一波高峰，此時管理層團隊的經營方向與理念就相當重要了，這也是冷冰冰數字中所觀察不到的，我想可以參考老牌作業軟體公司——微軟這幾年的改變，近幾年微軟放棄在自己不擅長的手機領域，同時也放棄了windows作業系統，反而專注於在伺服器市場與雲端服務，讓整個微軟有了新氣象。

更重要的是，微軟擺脫過去軟體老大的心態，更願意接受改變，因此新的管理團隊的影響力果然很大，真可謂是好的老闆帶你上天堂，不好的老闆帶你住套房。

當你找到強勢國家，強勢產業，那你要用什麼工具去投資呢？ETF是我的最愛，接下來要告訴你的是如何挑選ETF呢？

## 到底什麼是安全邊際

了解不同生命週期產業、企業觀察重點後，投資人也應對「安全邊際」的觀念有進一步的認識。「安全邊際」是價值投資人在投資時重要的核心思想之一，它是基本面選股嗎？非也，基本面選股是價值投資的一種投資方法，透過分析企業的基本面找出價值被低估的股票，但價格被低估不代表具備投資價值，我們可以看到有些標的與產業，儘管時間經過數年仍然不見起色。

那到底什麼是安全邊際？用比較專業的說法就是：股票的內在價值和市場價格的差異。維基百科上所說的定義：進行損益兩平分析時，安全邊際就是一件交易達到損益兩平點之前，產量或銷售水平可能跌落的空間。安全邊際的投資原則是，投資人只在市價顯著低於股票的內在價值時買入股票。換句話說，當股票的市場價格顯著低於你所估計的內在價值，兩者間的差異就是安全邊際。這個差異造成了下跌的風險非常微小，例如：今年某商品基本的價值是10元，但你在市場用8元就買到了，那這2元就是你的安全邊際。有點類似避震器或緩衝區的概念。

世界上許多知名的投資人其實都是價值投資的信徒，核心思想都是找到被投資標的的安全邊際，但所用的方法卻有所不同。

*當股票買在遠低於內在價值時，就可以容許人為差錯、*
*運氣不好或難預測且變化快速的世界的變動，這就是安全邊際*
*－塞思 克拉爾曼（Seth Klarman）*

你必須有能力評估股票內在價值的能力，但你不應買在很接近這個內在價值的價位，這就是葛拉漢所說的安全邊際。你不會試圖以

8,000萬美元買入價值8,300萬美元的企業，因為你要替自己預留更大的安全邊際，可能是4,500萬美元也就是至少超過50%的空間。當然這樣的投資機會往往需要等待。如同巴菲特所說：當你建造了一座橋樑，你堅持它能負重3萬磅，但你其實只需要1萬磅。投資亦是同樣的原則。

## 2018 年強勢國家及產業的選擇指引

| 找尋強勢國家 | 影響力 | 特點 | 觀察重點 |
|---|---|---|---|
| 匯率 | 國家競爭力之展現 | 商品主要計價貨幣與各國央行主要儲備貨幣 | SPDR主要儲備貨幣各國貨幣比重的升降 |
| 利率 | | 當該國央行調整利率政策，會對其它國家產生牽引作用，並且會對匯市、股市、債市造成影響 | 美國FED的利率決策會議及各國央行的政策走向 |
| 政治經濟影響力 | | 軍事與國際角力中有影響力話語權，同時在經濟政策調整變動時能改變全球產業結構變化 | 各國的經濟政策：如中國一帶一路，中國製造2025 |
| 特色資產儲備（人力資源與天然資源） | | 人口結構與創新能力，土地資源豐沛等 | 美國頁岩油、中國稀土、澳洲天然資源等 |

| 3個方向挑強勢產業 | 觀察點 | 注意點 | 產業 |
|---|---|---|---|
| 非經濟因素下跌的產業 | 產業長期前景仍佳，卻短期供需失衡，而造成供需失衡或成品價格動盪，而造成的短期波動 | 產業景氣波動在不同產業會有極大的不同，產業間上中下游也可能出現不一致表現，必須完整了解整體產業上中下游的變化 | 能源業、原物料業、景氣循環產業（從國際整體角度觀察） |
| 企業整併後出現的寡占效應 | 通常發生在成熟型產業，尤其出現景氣循環低點時越容易出現，或是創新者進入並破壞原有的行業生態 | 企業創新主要三個目標，降低成本、提升產能效率與提高客戶體驗，無法持續提升的公司將被取代，但如果舊產業模式明顯被新模式所取代，則整個上中下游公司將有被消滅的可能 | 航空業、航運業、電子上游設計（從國際整體角度觀察） |
| 背後有靠山 | 國家政策主導推動，伴隨優惠的補貼政策 | 政府扮演助攻角色，以具有效率的國家推動效果明顯，要觀察政府在政策推動執行力的效率 | 電動車、電池產業、替代性能源（從國際整體角度觀察） |

本書寫作於2018年初，如情勢有所變動，會更新於以下網頁：

# Chapter 5
# 挑出投資標的：
# ETF 選擇的 3 個要素

## ❶ ETF費用率：費用率越低的ETF越好

選擇ETF的過程中，要先把成本觀念擺第一，有的人會說交易與持有商品的成本不重要，標的會賺錢就好，但是基金公司不是慈善團體，並不會有基金績效不好還少收管理費，甚至賠償操作不當的情況產生。

當基金表現不好的時候，該收的管理費一毛錢都不會少收，別相信成本不重要這句話。至於ETF的管理費用要到哪裡查詢*，MoneyDJ與台灣晨星網站都是很好的選擇，如果英文閱讀理解還可以，可以前往ETFDB或ETF.com這兩個國外網站查詢ETF相關資訊。

建議多看國外的網站，因為比較專注於介紹ETF產品與相關市場訊息，也有許多交易上的策略可閱讀，甚至還有說明會可線上參與，多數資訊都是免費的。隨著國內ETF投資的盛行，國內券商的ETF投資資訊也相當多，但國內券商相較之下比較聚焦在中港台與槓桿型產品，比起國外的資訊略為偏頗，但仍是不錯的選擇。

*註 MoneyDJ https://www.moneydj.com/
台灣晨星網站 http://tw.morningstar.com/ap/main/default.aspx
ETFDB http://etfdb.com/
ETF.com http://www.etf.com/

　　除了查詢 ETF 產品資訊外，還有很多其他的 ETF 觀念文章可閱讀，有些網站還會提供資產配置工具，如 portfoliovisualizer.com 就是不錯的工具，喜歡做量化模型的朋友更不能錯過。

　　一般而言投資 ETF 的成本有兩個部分：一是買賣 ETF 須支付的額外費用，包括券商收取的買賣手續費和賣出的交易稅等等。台灣投資國內 ETF 費用跟股票差不多，在買進時需支付買進手續費，而賣出時需支付賣出手續費外還有交易稅。

　　但透過國內券商投資海外 ETF 就相對比較貴了。不過手續費較高，但國內券商會透過複委託協助客戶交易與處理有關稅務的問題，同時也比較沒有語言上的障礙，既然國內券商幫你做事，多付一些費用也是正常的。

　　當然你也可選擇開立國外券商交易帳戶，整個開戶手續都在網路上就可以進行且速度非常快，至於匯款與存款安全上也可以放心，多數知名美國券商的交割銀行也都跟台灣的銀行一樣有存款保險。同時會選擇美國券商的最大原因是，可交易的商品種類也比國內選擇更多，交易成本相對便宜，只是在匯出匯入款項的成本占比反而是最高的，適合長期用不到的錢來投資，因此有關交易平台的選擇視個人理財上的需求而定。

## 台灣券商複委託美國市場收費標準

美股交易費用列表                                                                幣別：美元(USD)

| 項次 | 收費項目 | 收費標準 | | |
|---|---|---|---|---|
| | | 人工下單 | | 網路下單 |
| | | 每筆交易價金 | 手續費率 | 每筆手續費金額 |
| 一 | 手續費 | 5 萬以下 | 交易價金之 1% 最低為 USD 60 | 交易價金之 0.5%，最低為 USD 37.9 |
| | | 超過 5 萬~10 萬以下 | 交易價金之 0.85% | |
| | | 超過 10 萬~50 萬以下 | 交易價金之 0.75% | |
| | | 超過 50 萬 | 交易價金之 0.70% | |
| 二 | 交易所費 (僅賣出時收取) | 交易價金每 USD 1,000,000 收取 USD 17.4 (每 USD 100 收取 USD 0.00174，最低為 USD 0.01) | | |
| 三 | TAF 費用 (僅賣出時收取) | 賣出交易股數，每股收取 USD 0.000119，最低為 USD 0.01，最高為 USD 5.95 | | |

## 美國網路券商第一理財（Firstrade Securities）費率

| 股票 | 網上市價 & 現價訂單* | $2.95/每筆交易 不限股數 |
|---|---|---|
| 期權 | 網上市價 & 現價訂單* | $2.95/每筆交易 + $0.50/合約 無最低基本收費 |
| 共同基金 | 無交易費（NTF）基金 | 免費 |
| | 無銷售費（No-Load）基金 | $9.95 |
| | 銷售費（Load）基金 | 免費 |
| 固定收益 | 美國政府債券 | Net Yield Basis |
| | 地方政府債券 | Net Yield Basis |
| | 機構債券 | Net Yield Basis |
| | 無息債券 | Net Yield Basis |
| | 初級市場定期存單 | $30 |
| | 次級市場定期存單 | Net Yield Basis |
| Net Yield Basis 表示第一證券為債券主委託人，債券以漲價額或減價額賣出。 | | |
| 經紀人協助下單 | 股票/ETF | $19.95 |
| | 期權 | $19.95 + $0.50/合約 |
| | 銷售費基金 | 免費 |
| | 免銷售費基金 | $19.95 |

* 若股價低於 $1.00，該訂單每股加收 1/2 分錢。如果限價訂單分多日成交，將視於多筆訂單計算傭金。

資料來源：Firstrade Securities、作者整理

## 海外複委託與海外券商比較

| | 複委託 | 海外券商 |
|---|---|---|
| 開戶難易度 | 易，跑趟券商但要簽很多名字 | 易，完全線上處理，有護照與銀行資料即可 |
| 交易費用 | 超高，費率百分比計算做越多越貴 | 超低，以交易次數或買賣股數計算，跟金額無關 |
| 投資商品 | 僅限於金管會核准標的 | 海外股票、基金（*有很多免傭金基金可選）、債券、ETF等商品 |
| 成交即時性 | 不及時，因為複委託也是委託海外券商做交易 | 成交相當及時，且也有看盤軟體APP可使用 |
| 收回款項便利性 | 在台灣當然方便 | 錢在海外得跨國匯回，需一個工作天左右，但也可申請國際提款卡可在國內做提款 |
| 適合對象 | 買了不賣的投資人，因為成本太高了 | 雖然交易成本低，非常適合想降低交易成本的投資人 |
| 語言 | 中文介面，廢話！！ | 有英文與中文，因為中國市場需求大 |
| 券商資料 | 普通，資料來源是國內券商的國外部 | 多且廣，不過報告部分多是英文 |
| 意外發生 | 政府出來擋，可以找金管會申訴 | 這就得自己想辦法，但**海外券商銀行都有存款保險 |

* 免傭的意思是免手續費基金，很多台灣買到的基金品牌透過美國券商也買的到且同樣的產品卻免傭金，管理費也較低

** 每人每帳戶受到美國證券投資人保護公司（SIPC）保障，50 萬美元保障其中 25 萬是現金償付額度

資料來源：作者整理

另一個費用就是ETF的總管理費用，這是每年或每季直接從ETF淨值內扣除，投資人可能比較不會有感覺，觀念上與一般共同基金內扣管理費意思一樣，因為ETF管理公司會按照整個ETF規模來收取費用。總管理費用涵蓋ETF管理費和調整投資組合所需的手續費、保管費、指數授權費、稅捐等相關費用。每檔ETF費用比率不同，不過，通常和ETF的規模大小、追蹤操作難度有很大的關係，規模愈大或是操作愈容易，費率愈便宜，但收多少還是依指數公司的態度，有些公司仍舊是收取相對較高的管理費用。

ETF的費用比率，依其類別而有不同，說明於下。

（1）**純指數型的ETF產品**：所收取的管理費用較為低廉，投資涵蓋範圍越廣的ETF普遍來說收取的管理費用越低。過去在指數型產品剛推出時，推出的ETF產品大多是採取被動式涵蓋指數內絕大部分的成分股，單純的做追蹤操作，因為是「被動的」追蹤指數所以不需要特別的選股工作，只要每季或每年隨著指數權重變化做比重上的調整即可，所以管理費用比率一般都落在0.2%以內，近幾年隨著各家資產管理公司也進入ETF管理市場，總管理費用越殺越低，很多全球型ETF產品總管理費用都以低於0.1%，這會造成一個後果，就是全球的傳統主動型選股的基金經理人要失業了，因為全球型ETF的市場涵蓋率更優且費用更低，績效也比一般主動型基金要來的好。

（2）**產業型，特殊策略型，單一市場型ETF**：隨著這幾年量化投資的興起，基本面量化受到市場矚目，預估未來幾年會有越來越多這類型的ETF上市，費用率通常會落在0.8%上下。一般產業型主動基金收費的總開銷至少都接近3%，而產業型的ETF產品收費竟然只有主動型產品的三分之一，的確低很多，且在績效上反而更好，這類型的ETF包含像國家型，高股息型或其他類型ETF。

（3）**槓桿型的ETF**：費用率會接近1%，這種類型的ETF通常收費不便宜，近年來台灣槓桿型ETF發行的多，可能與台灣人賭性比較堅強有關，而台灣的管理公司收取管理費用也比較高，這點也是讓我比較不偏愛台灣ETF的原因，並非不愛台灣或是國外的月亮比較圓，而是基金公司所收取的費用就是投資成本，他們多收管理費也就代表投資人投入市場的資金比例被迫縮小。

　　或許有人會覺得只要ETF表現好，被多收一點費用也沒關係，如果是這樣，那就應該挑選主動型基金產品，因為不在意投資成本。既然選擇ETF，就應該在投資成本上更為要求，再者如果過度在意的ETF表現，那你也可能會很失望，因為ETF是追蹤指數表現的工具，而不是打敗大盤指數的工具，也就是說當ETF表現好的同時，就是代表該檔ETF所連結的指數整體表現不錯，你所獲得的報酬則是指數的平均報酬，而不是超額報酬。

　　在大盤上漲時，通常金融投資商品的表現都不會太差。在歌舞昇平時大家都賺錢，投資經理們也是吃香喝辣的，但問題是當市場大幅拉回與下跌，較高的投資成本就是報酬率的直接殺手。因為在行情大幅下跌時，基金經理們可不會共體時艱而少收管理費用，何況基金公司又是從整個基金管理資產來收取費用，你感覺不出來你的資產正一點一點的在流失，雖然這幾年大家對投資成本的問題有相當的關注，但絕大多數的人對投資成本沒什麼概念，因此在挑選ETF時，如果選擇的投資市場有許多同類標的可供選擇，那麼總管理費用比率的比較是一定要關注的，同樣的市場同類的標的，當然選擇費用低的。

　　不過ETF不管怎麼收取管理費用都會比主動型基金要來的便宜，尤其2016年整年度全球ETF管理規模爆炸性的成長，但很多人還是會認為主動型產品績效相對於ETF來說比較優。投資是比氣長，不是短期煙花誰比較美。ETF所提供的就是與大盤一致的報酬。

　　如果只是選擇績效表現好的，那就不應該出現買進當年度績效第一，隔年績效通常是失敗收場的這種窘境，所以單純看績效選擇是不夠完整的。除非所要選擇的標的在市場上只有一檔可以選，否則仍舊

要比較它的費用比率，就算是同類型的ETF產品，也仍舊要比較它的費用，因為費用比率影響最終報酬率表現。

畢竟ETF的總管理費用，你可以把它視為準備賽跑時的起跑線，當總管理費用過高時，也就代表你的投資起跑點相對其他人要來的落後，一年兩年的差異可能不大，但如果拉長10年以上來看，將會是很大的差距。

總管理費是基金公司收取的，也就是當ETF管理公司願意提供較低的管理費ETF工具給投資人時，代表它們在成本效益管理上一定十分優異，因為在這麼低的管理費下還能夠獲利，並具備市場規模，那麼在市場上會具有一定的地位。目前市場上收取相對低管理費用的ETF管理公司，就是Vanguard與iShares這兩家，目前也是市場前兩大的ETF管理公司。

Vanguard（領航投資有人翻先鋒投資），創辦者是約翰・伯格（John Clifton Bogle），領航投資其實是從指數型基金開始起家的，指數型基金是低成本被動式管理產品的始祖，但指數型基金的申贖方式與一般基金類似，台灣過去也有投信公司發行過，但那時投資人不曉得「低成本」產品的好處，但隨著ETF市場的蓬勃發展，領航投資所管理的規模也就水漲船高，領航投資的公司標誌就是一艘中古世紀戰船。

iShares（安碩投資），其實隸屬於貝萊德基金集團下負責被動投資管理產品，安碩投資是全球最大的ETF發行商之一，產品非常多元；但貝萊德集團是一家包含主動式與被動式投資產品的公司。

## 🐾 ETF持股數量：各種ETF最低持股量的建議

　　很多人詢問究竟ETF的持股數量要多少比較好呢？這和選擇投資的市場有關。但一般而言投資全球市場的ETF，建議選擇所包含的持股數量越多越好，最好把整顆地球都買下來。通常投資全球市場時，會選擇由摩根士丹利資本國際公司（Morgan Stanley Capital International）所編製的股價指數的指數，但MSCI全球指數包含的只有已開發市場的股票，很多較小的國家股票是沒有納入指數的。就以Vanguard的VT ETF來說，持股數高達7,691檔成分股，相對於iShares的URTH ETF只有1,178檔成分股來說，持股數量明顯高出很多。主要原因是VT ETF是追蹤全球範圍的所有股票，而URTH則是追蹤MSCI全球指數的ETF，因此就如同先前所提到的，在一開始選擇指數時可能就會產生持股數量的差異，因此如果想要達到最佳的分散效果，持有的ETF所涵蓋的指數成分股一定要越多越好，另一個主要的理由是當涵蓋的成分股越多，整體績效報酬將越貼近指數表現，指數投資的核心概念就是希望能夠取得越貼近指數的報酬表現。

　　如果你有投資海外主動型基金的經驗，會發現大部分的海外共同基金都有一個參考指數（banchmark），而它們的目標就是要打敗相對應的參考指數，絕大部分主動型基金的持股數都遠低於指數成分股，但績效表現有比較好嗎？有時候有，有時候沒有，基金經理人不努力嗎？也不是，基金經理人都很努力，只是市場掌握的難度遠高過他們的想像，因此主動型基金有時表現比大盤好，有時表現比大盤差，選擇越接近指數成分股或是持股數量越多的ETF比較好，因為這樣的ETF會帶來越接近指標指數表現的報酬率，追求跟大盤一樣的報酬率表現就好。

有些人會認為那很無趣，但就是因為無趣，才能持盈保泰，如果你喜歡讓你的資產波動很劇烈，那就是你的風險屬性是可承受較高風險的，只要能有承擔上下波動的心臟就好，畢竟投資理財成功的關鍵在理財而不是投資。

另外，近年的ETF投資因為加入人工智慧與大數據運算，推出相當多主動型ETF產品，而這類型的ETF主要運用各種數據與指標（Factor）透過電腦的量化來篩選出適當的成分股，進而包裝成特定的指數。這些ETF相當多是屬於產業型ETF產品，這種類型的ETF就是把過去傳統主動型經理人在做的事，轉變成透過電腦來收集資訊並從海量的數據中篩選分析，並且透過數學演算而包裝出來的指數產品工具。就像是「電腦也會挑土豆喔」的概念。電腦大數據運算與人工智慧的新技術，大大的增強了人類在海量數據分析上的能力，我們可以依照對某些產業前景的發展與研究，挑選出合適的ETF產品，並建構自己的投資組合。這類型的ETF通常持股數就不會像追蹤大範圍指數ETF來的這麼多，成分股有些甚至只有幾十檔股票，那是因為這類型ETF都是相當特定的產業，例如有追蹤遊戲產業，或是投資在水資源概念的，甚至於近幾年很火紅的比特幣，也將會推出比特幣概念的ETF。通常這樣的ETF持股數都不會太多，如果ETF所屬的產業又是相當新興的產業，所能選擇的股票數量也就更少了，這種類型的產業ETF就是非常獨特的產品，但並非適合所有投資人，通常對相關產業必須要有一定了解，因為當你投資在這樣的產業型ETF，投資的風險就相對較大。

近年最紅的特殊型ETF，以槓桿型ETF產品來說，絕對是當之無愧。它主要功能與目的是避險，因為槓桿型產品所追蹤的多是以衍

生性金融商品為主，包括期貨與選擇權，投資策略上有正向與反向策略，這類型ETF持股內容就是持有不同月分的期貨或選擇權合約，我非常不建議一般投資人去投資這樣類型的產品。

首先槓桿型ETF通常能夠買入的大多是已發行的近月分或遠月分的金融期權合約。但隨著持有合約的到期再轉倉的原因，造成槓桿型的ETF管理費通常是非常昂貴，另外也因為負責看方向的是投資人，基金公司就是負責收管理費而已。槓桿型ETF賠錢甚至被清算（以XIV US為例，如下圖），你可連申訴的機會都沒有。如果是原物料ETF，通常都是買商品期貨合約，這類型ETF的持有內容也大多是對應的商品期貨合約，不管投入的是幾億元，在商品與外匯市場都只像是滄海中一顆小水滴，因為外匯與商品已有許多國家在市場中攪和，實在不需要我們再跳進去參一腳。但如果只是拿整體投資部位的一小部分來做一點風險性投資來賺取超額報酬，是可以的，而這些槓桿型ETF都是非常高收費的ETF產品，不建議作為主要的投資配置。

## 2015 至 2017 年 XIV US ETF 做空波動度連漲 3 年，但短短一個月的市場波動，讓過去獲利全部落空

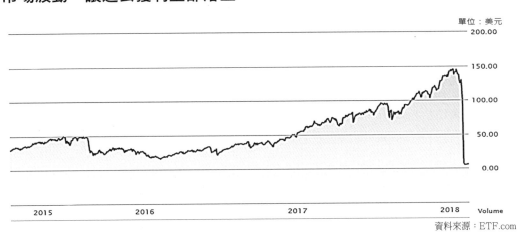

資料來源：ETF.com

ETF什麼都有，什麼都不奇怪，甚至有做多恐慌指數的ETF，只是它沒有特別好！這裡先介紹VIX恐慌指數。它是衡量市場對未來30天S&P500指數波動率的預期＊。VIX指數上升，未來股市波動越大（暴漲或暴跌），VIX指數越小，未來的股市波動越小。在2018之前，美股一路走勢平穩，波動率也就很低。VIXY ETF＊為做多波動的ETF產品，也就是預期未來市場波動度會上升（有可能暴跌），雖然2018年年初，波動度明顯上升，但也有一堆人從很早就一路看空美股，所以也造成買這類型的ETF產品損失慘重。

因為從金融海嘯之後到2017年底，美股波動度都非常的低，而設計這類產品的基金公司管理費也收得很開心，這類槓桿型ETF產品的管理費都在0.85%左右。

台灣也有這類型產品（00632R元大台灣50反一），這檔反向ETF的總管理費是1.4%，真是土豪型的放空類型產品，什麼都還沒賺就要先付1.4%。

＊（註：S&P500指數是以美國500家企業股票價格為計算基礎的指數，常被認為整體反應了美股的走勢變化。）

＊VIXY全名為ProShares波動率指數短期期貨ETF，是做多短期波動率的ETF，交易所代碼：VIXY

# VIXY ETF 期待股市大跌的結果

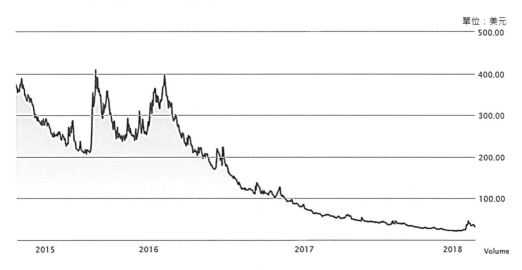

單位：美元

# 元大台灣 50 反一也是由股市大跌來獲利（00632R）

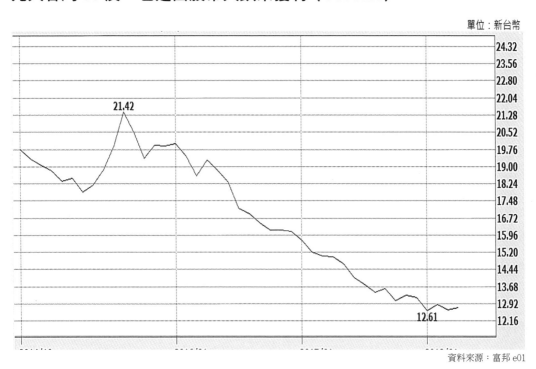

單位：新台幣

資料來源：富邦 e01

# ✋ ETF規模與每日交易量：交易流動性考量

　　首先，如果選擇的是全球或是較成熟的市場與產業ETF，建議該ETF的規模至少要有5億美元以上，投資的標的範圍越大越好，畢竟ETF規模越大所能涵蓋的標的也越多，績效表現也就越能貼近指數。但如果是新興產業，例如近年最紅的人工智慧或者是電動車產業，甚至於物聯網概念ETF，規模大小就不是重點，因為許多人在產業發展初期比較會去追逐明星個股，每日交易量反而相對重要，會建議用成交值來看，畢竟國外ETF用的計價幣別都是美元，建議選擇每日交易值平均要在100萬美元以上，過去平均3個月的交易值也落在百萬美元以上，這也代表此檔ETF的流動性沒有太大問題。

　　還有一件事要提醒，許多產業型的ETF因為是在金融海嘯之後成立的，並沒有經歷過股災，也尚未經歷過產業的高低循環，因此實際風險相對較難以估計，因此千萬別一廂情願的覺得這些新經濟ETF會一路往上的走永遠不會回跌，投資市場永遠不會這麼單純，所以在下跌時流動性（也就是交易量）就很重要了。

　　另外，市場上對於ETF在整體股市交易比重提高的影響，有許多正面與反面的說法。我的看法是，ETF絕對不會是市場大跌的主要原因。90年代，當時美國剛推出共同基金時，就被許多市場大師抨擊過，那時候的說法是如果大部分資金流入主動型共同基金就會助長股市的波動度，導致大漲或大跌。某些個股會在基金經理人的追逐下有極大的風險。時空背景換成現在的ETF，非常有趣的是，情況完全與當時的主動型基金被抨擊狀況類似。當時批評主動型基金的是不認同主動型基金操作的人，而現在批評ETF的則是主動型基金操作的業者，他們說的ETF占整體管理資產比重過高會引發股災，絕非事實。

以美國為例：被動式管理資產規模大約只有占整體資產管理的 4 成左右，仍遠低於主動型操作業者，也就是現在主動型的操作策略規模還是占整體投資市場的絕大多數，因為想要打敗大盤的人依舊是前撲後繼，許多人還是強調「人定勝天」。但是我認為不管你是不是想要親手打敗大盤，唯一能做的就是了解自己所選擇的投資標的，長期下來能夠獲得穩定的報酬就好，因此對於交易量要聚焦在當市場出現較大流動性問題時，能否快速變現手上的資產。

被動式管理要超越主動式管理仍需要很長的時間，穆迪分析要到 2023 年（如 P146 圖）資產規模才會有機會超過主動型產品，目前仍是主動型管理當道。

通常一般型的 ETF 問題都不大，會有比較大問題是槓桿型的 ETF 產品。2018 年初全球股市都有明顯修正，有的人會布局做多 VIX 指數 ETF（當市場波動度變大時通常是市場大跌，這類 ETF 會大漲），短短數天報酬率就有 30% 以上，相反的做空 VIX 指數可就慘了，不但賠掉 70% 還可能要面臨產品將要被清算。如果你過去幾年就開始聽從那些一直說市場即將崩盤的大師的言論，而去做多 VIX 指數 ETF，那麼即使 2018 年它因為股市大跌而上漲了 30%，對你來說也是賺的不夠賠。所以這類槓桿型的產品，能不碰就盡量不碰。

## ETF 規模與檔數成長情況

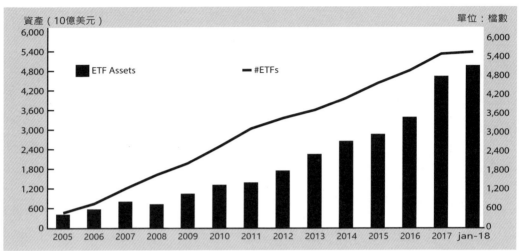

資料來源：etfgi.com

## 穆迪預測到 2023-24 年間被動式管理的市場佔有率會達到 50%（線性指數回歸模組）

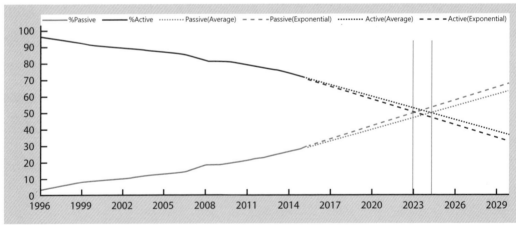

資料來源：穆迪

VIXY ETF 過去幾年已經反分割過數次，反分割的意思是假設原本 1 股 10 元，而你手上有兩股實際在你手上的價值為 20 元，執行反分割後所持有的股數變少但價格變高，也就是假設反分割二分之一，原本的 2 股變 1 股，但價值一樣是 20 元。每股價格拉高是發行券商為了提高價格以方便交易的說法，整個持有價值並未改變。

但這類商品會下跌的主要原因是時間價值的流逝，不要忘了期權合約要獲利本質上要做對波動方向，但美國市場一直沒有大跌且波動度持續維持低檔，所以想要靠 VIX 恐慌指數來獲利簡直是作夢。

同樣的 2018 年初股市大跌，也讓一直押寶市場不會有大波動的投資人傻眼，XIV ETN* 大幅下跌，而為何 XIV 淨值波動會如此大，因為 XIV 所持有的標的是期貨選擇權這類的衍生性商品，因此再配合 XIV 被大量贖回的雙重壓力打擊下，XIV 馬上面臨可能會被清算，任何有關期權或是槓桿的產品，不管一倍或兩倍做多、做空的產品都是風險極大的產品，隨時都會遇到流動性的問題，因此流動性絕對是我們要嚴加關注的。

註 *XIV 是做空 VIX，也就是認為市場不會有大波動。這個商品已經在 2018 年，因為市場大跌，波動度大增，單日下跌幅度高達 86%，而觸發終止交易而被清算下市。

註 *ETN 與 ETF 都在證券交易所交易，但 ETF 以投資公司名義註冊，ETF 投資人擁有基金的股份，意謂擁有底層投資組合的資產。但 ETN 投資人並不擁有底層投資組合資產，當發行新的 ETN 時，ETN 發行者使用列明的計算程式計算 ETN 價值，而不是資產淨值。

## XIVETN 基本資料

| | | | |
|---|---|---|---|
| 管理費用 | 1.35% | 成立日期 | 11/30/2010 |
| 資產類別 | 股票型 | 交易所 | 紐約證交所（NYSE） |
| 市值規模 | 大型股類 | 在外流通股數 | 100,000 |
| 投資風格 | 核心型類/ETN/規模 | 淨資產 | 314,691,935 |
| 發行商 | 美國 | 選擇權 | N |
| 指數提供者 | Standard & Poors | 可否融資 | Y |
| 投資區域 | 美國 | 可否放空 | Y |
| 投資管理方式 | 被動式管理 | 持有證券數目 | 1 |
| 追蹤指數 | S&P 500 VIX Short-Term Futures Index | 本益比 | -- |
| 指數加權方式 | 選擇權策略 | 股價淨值比 | -- |
| ETF 結構 | 優先無擔保債券 | Beta vs S&P500 | -- |
| 配息頻率 | | 3 年標準差 | -- |

什麼是 ETN ？

一般在談到 ETF 時，通常也將 ETN 包括在內，但兩者其實並不一樣。ETN（Exchange Traded Note；交易所買賣票據）屬於無抵押擔保的債券，它結合了 ETF（Exchange Traded Fund；交易所買賣基金）與債券的性質，和一般 ETF 相同的地方是，ETN 也在公開的證券交易所交易，並且追蹤某特定標的指數的走勢。

ETN 與 ETF 最大的差異在於風險與追蹤誤差。ETN 是由發行機構對投資人做出承諾，保證投資人可以獲得所追蹤指數相同的漲跌比例，所以不存在追蹤誤差。

在風險的部分，ETN 跟 ETF 一樣存在市場風險，但由於 ETN 是由發行機構承諾投資人 ETN 追蹤指數的報酬率，因此投資人要完全承受發行機構的信用風險。至於 ETF 不會有「信用風險」，加上投資組合亦十分透明，因此投資 ETF 較有保障。

| | ETF | ETN |
|---|---|---|
| 全名 | Exchange Traded Fund（交易所買賣基金） | Exchange Traded Note（交易所買賣票據） |
| 交易方式 | 在公開交易所上市、交易方式和股票相同 | 和 ETF 一樣 |
| 性質 | 偏向股權性質 | 偏向債權性質 |
| 追蹤指數 | 追蹤某特定標的指數的走勢 | 追蹤某特定標的指數的走勢 |
| 追蹤誤差 | 可能產生追蹤誤差 | 不存在追蹤誤差 |
| 風險 | 市場風險 | 市場風險 信用風險 |

資料來源:MONEYDJ

因此除了ETF本身的流動性外，ETF所連結的標的特性也需要了解，期權合約有明顯的時間價值問題，這部分對許多人來說非常難以掌握，畢竟多數期權的使用是以避險為主而非去判斷方向，單純的方向判斷跟賭博沒兩樣，預測市場的漲跌是最花時間又徒勞無功的事。

## ♛ ETF 不是檔檔好：被動投資精髓，越接近指數表現越好，如此而已

什麼叫做越接近指數越好？對ETF而言就是ETF表現越接近指數表現越好，指數漲1%，ETF也漲1%，這是最理想的情況。

這與一般共同基金或者是絕對報酬的產品的最大差異點，就是多數的共同基金希望能夠打敗基準指數（Benchmark）。因此，如果觀察一般基金的追蹤誤差（Tracking Error）通常都相當大，什麼是追蹤誤差呢？就是基金或ETF與基準指數（Benchmark）間的變動差異，因為其配置通常與指數有很大的差異，基金經理人為了要打敗大盤通常會在特定股票上加大權重，也就是會特別看好某些股票的未來表現，不管是基本面選股或是主動量化選股，因此主動型基金產品的追蹤誤差有時都會超過10%以上。但事實也應該如此，否則如果發現你所投資的主動型產品追蹤誤差很低很低，那投資ETF或指數型基金就好了，為何還要付給基金公司這麼高的管理費用，又要冒相對較高的風險？

另外還有所謂的絕對報酬產品，這類型產品通常不會有指標追蹤的問題，絕對報酬產品的指標通常會以倫敦銀行同業拆款利率（London Interbank Offered Rate；LIBOR）指數加上幾個基本點為目標報酬。Libor指的是位於倫敦的銀行同業間，從事歐洲美元、日圓、

英鎊、瑞士法郎等資金拆放的利率指標，LIBOR的浮動由市場決定，主要目的在反應各大型金融機構的借貸成本。通常絕對報酬產品多會以美元的Libor利率為基準再往上加個10點，約落在6~8%，也有加很多的，表示潛在的波動風險相當高。簡單來說，這樣的基金目標就是一定要獲利，只不過這類型產品的管理費用也是非常昂貴，至於真的是多空都能獲利嗎？在我過去的經驗中，這類型產品中表現最好的產品是極特殊，也不是一般人買的到的。

例如1988年西門斯（James Simons）所創立的文藝復興公司旗下的大獎章基金，這檔基金並非什麼單純的基本面或技術面分析產品，基金完全是用數理模型等非完全的金融模型所操作的量化對沖策略產品，但因為大獎章基金操作極為神秘，甚至公開的資訊也相當少，投資這檔產品的客戶非富即貴，當然他的收費也是高到嚇人，算是近幾年最傳奇也最神秘的公司，普羅大眾根本不可能參與的到，如此成功的產品也是少數。

多數的絕對報酬或是量化對沖基金，在這幾年的低波動與資產間波動相關性不明顯的市場下，績效多數慘淡。破產清算的公司更是比比皆是，與其追逐這種曇花一現的產品，不如好好選擇追蹤大盤指數的被動型投資產品。

ETF本身都是追蹤指數，我這邊所提到的追蹤誤差*（Tracking Error）指的是ETF與所追蹤指數的報酬率差異，

*註可查詢ETF追蹤誤差的網站
MoneyDJ　https://www.moneydj.com/
台灣晨星網站　http://tw.morningstar.com/ap/main/default.aspx
ETFDB http://etfdb.com/
ETF.com http://www.etf.com/

05 | 挑出投資標的：ETF 選擇的 3 個要素

或是你可以簡單的想就是偏離指數的程度變化也可，或者是可以把它取絕對值，並且越趨近於零越好。如果差異過大那就表示指數團隊在設計指數時與實際 ETF 操作有很大的問題，代表該 ETF 的表現相對而言會較不穩定。

但是在前面我們所提到的產業型或是特殊型 ETF，如果跟市場指數相比本來就會有比較大的差異，每檔 ETF 的追蹤誤差表現都能在相關網路資料查詢的到，以 VT ETF 為例，其過去 12 個月的追蹤誤差是 -0.08%，小於（Expense Ratio）管理成本的 0.1%，這代表 VT 的管理成本為 0.1%，但 ETF 落後指數的表現卻只有 0.08%，說明 VT 的管理團隊所設計的 ETF 追蹤指數效果極佳，因為追蹤誤差小表示 ETF 的表現受到費用的影響小。如果某檔 ETF 的追蹤誤差是零的話，代表該 ETF 追蹤指數能力非常優異，Vanguard 領航投資的 ETF 在指數追蹤能力表現都相當不錯，被動式投資精神就是追求市場報酬，並非打敗市場。

## 賣出時機的決定

以前學習投資時常常有前輩說，會買股票不稀奇，能買對價格是專家，但能夠在正確的時間賣出股票才是老師傅，能百分百掌握買進賣出點，那是上帝的工作。以 VT 為例，把時間拉回到 2015 年，當時的時空背景是由於石油價格崩跌，中國也突然放寬人民幣波動區間，全球股票市場大幅震盪，是賣出時間點嗎？用現在的位置來看，很多人一定說不是，因為股市與債市又從 2015 年底一路漲到 2017 年才出現震盪，再拉回到 2012 年的金融市場也一樣，甚至是拉回到 2008 年，當時 VT ETF 推出後沒多久就遇到 2008 年美國次級房貸金融海嘯，但

151

現在回顧VT ETF的表現，就能發現只要中間錯失掉任何一波的上漲幅度，你的投資績效就將輸給大盤，就算你的短線操作如神仙，每一次進行買進賣出的交易時，都要付出手續費等交易成本，相當於在折損你的本金，折損你的報酬率。

ETF最讓人放心的所在，就是ETF會根據指標權重變化及時的調整ETF持股權重，表現優異的股票因為市場價值會越來越高，相對占指數的權重也會越來越高，ETF都會去動態做調整。2008年之後，每個國家的股票市場價值都是屢屢走高，這也反映國家經濟體的規模成長，因此通常賣股票的時間會落在所屬國家或產業出現景氣明顯下滑的時期是較佳的選擇。至於新興市場與新興產業股市的修正，往往與資金供給與流動性有密切關聯。

強勢多頭的市場與產業，通常基本面也不是一朝一夕就會改變，基本面惡化也代表出現整體性的市場風險，全面性系統性風險要規避的難度真的非常高，因此賣出投資部位的時機主要還是依照每個人對於這筆投資資金的需求規畫為主。

不過倒是可以用貨幣供給額這個指標來觀察市場是否過熱，畢竟金融市場就是用資金所堆砌出來的，有個簡單的公式計算，只要將股票市值除以貨幣供給額，如果大於2那就表示市場是相對過熱了，但這也不代表股市一定會下跌，但可以預見的是未來市場波動會較為明顯的上升，而這部分也可透過資產配置來降低風險。

不過不同國家有時要做適度的修正。以台灣股市為例，比率超過2就已經來到警戒線，如果是美國股市比率超過3.5或更高也都是危險值，因為金融海嘯後，許多國家都有做量化寬鬆，因此在比率上可以

往上多加個0.5做為彈性空間，但現在隨著各國央行開始偏向緊縮，包括先前提到貨幣供給已不再像過去寬鬆，儘管股市市值沒有再往上成長，但隨著貨幣供給下降，市值貨幣供給數比率也能會拉高，因此不得不堤防，中國一句老話，水能載舟，亦能覆舟，說的就是這個道理，股市就是靠資金推砌出來的，這是相當簡單的邏輯。

## 長期持有，往往可以確保勝利

| PERFORMANCE  [AS OF 02/22/18] | 1 MONTH | 3 MONTH | YTD | 1 YEAR | 3 YEARS | 5 YEARS | 10 YEARS |
|---|---|---|---|---|---|---|---|
| VT | -4.59% | 3.56% | 1.10% | 18.19% | 8.69% | 10.44% | -- |
| VT (NAV) | -4.56% | 3.55% | 1.13% | 18.25% | 8.74% | 10.45% | -- |
| FTSE Global All Cap Net TR US RIC | -3.64% | 4.05% | 1.18% | 18.65% | 9.00% | 10.79% | -- |
| MSCI All Country World Investable Markets + Frontier | -3.49% | 4.77% | 1.33% | 19.11% | 8.72% | 10.18% | 6.06% |

# 挑出投資標的：5個財務比率在強勢產業下選擇高品質個股

　　投資ETF並非聚焦單一的個股，因此會比較重視被投資產業整體的變化，這章我們要談的是，如何在強勢產業或是國家中，挑出基本面佳的個股。

　　如果仔細看許多ETF前十大持股，也可找出到底在這個指數亦或是這個產業中的龍頭老大是誰。相對而言，如果參考前十大持股來投資於個股，買到地雷股的機會也就會降低，不過只要是投資個股仍需要專注於基本面研究。以台灣股市而言，目前台積電一家公司就佔台股20%的權重，隨著半導體產業應用與規模持續成長，如果台積電的業績大幅下滑，那台灣電子類股的表現也會不太漂亮，除非選擇的其他各股族群與電子族群的相關性是負相關。很多人都用技術分析來找尋可投資標的，當然這是一個相當方便且快速的投資方式，不過技術分析是因人而異，畢竟有人喜歡到愛不釋手，但有人卻不喜歡，或許只要找到適合自己的投資方式，並能穩定獲利就是很好的方法。

　　基本分析方法是我較習慣使用的方法，但並非僅專注於預估某家公司明年的業績好不好或是哪種科技技術會改變世界。一家企業的未來成長絕對是市場的關注焦點，但企業在追求成長的過程中，如果體質不牢靠，當遇到市場整體景氣由多轉空時，往往受傷慘重，如果基本面穩健且公司具備產業競爭力那反而是投資的好機會，因此只找體質好，且能夠長期穩定成長其生意經營模式的公司來投資，也就是安

全邊際投資概念。一家公司的投資安全邊際在哪要非常清楚，同時追蹤公司的優勢是長期並且可持續的，才符合標準，當然對經營團隊的了解，也是相當重要的一環，當你發現下一位未來的張忠謀先生，你的投資將放一百顆心。

## ♔ 企業的成長力來源——產業毛利率

首先，選擇整體毛利率較高的產業並同時了解產業上中下游的毛利率分布。或許身在台灣的我們，常常聽到電子業已進入相對較低基期的產業利潤水準，但其實仍有相當多的產業，都持續有高的毛利率表現。例如海外的生技類股像illumina（美國DNA序列公司）、美國安進製藥等都是知名的生技公司（可從XBI ETF的持股內容作了解），或是創新技術的上游像是特殊原材料公司（REMX ETF稀土概念ETF），通常都享有極高的毛利率，海外的公司往往具備規模與研發創新能力，產品銷售網路遍及全球，競爭力都相當高。所以可知海外ETF所投資的標的，皆是國際化知名公司，相反的台灣大多數公司多是國際知名公司的下游廠商，簡單來說就是幫這些國際公司生產與代工，但也因為少了所謂的「品牌價值」，所以並不具備高毛利，且當國際品牌公司經營獲利不佳，或是被轉單時這些下游工廠也就只能含淚接受。

另外成熟的產業或商品，基本上也不具備高毛利，反而會因為有許多同類型的公司，為了要搶得多數訂單而彼此削價競爭，造成毛利率下滑，毛利率下滑除了是因為自己削價所造成，也有多數原因是因為上游品牌公司的同業競爭，為了維持本身獲利而壓縮下游代工廠商的代工生產價格，來增強本身的獲利率。畢竟以成熟的產品來說，毛

利率都是維持相當固定的，而上游的品牌公司往往又拿走大多數的利潤，這些代工廠只能很血汗的賺取他們微薄的毛利率。

選擇整體毛利率較高的產業，並不一定只有在新經濟產業中才找的到，有些傳統產業隨著歷經多年的多空循環，與不斷地彼此競爭與搶奪，以致於造成有許許多多的小廠商在競爭中，被其他公司併購或是退出市場，因此剩下來的供應廠商，反而出現寡占的情況。這樣的產業與公司反而享有絕大多數的市場份額，同時這些公司也因為在競爭者減少下，儘管市場需求雖然沒有大幅成長空間，業績卻長期趨於穩定，雖然是傳統產業，但其毛利率維持穩定，但因市占率隨著許多業者退出市場，反而享有更大的利潤。

例如美國航運業，隨著長時間的景氣多空循環，業界不斷的整併，絕大多數的運量集中在前五大航商，未來或許也有可能演變成全球航運量就由那幾家主要航運公司把持，造成市場運價由這幾家公司所把持。這些航空公司都擁有相當優質的「安全邊際」，就是寡占之下廠商定價能力增強，產業毛利率對於不同產業有不同的區間，並沒有一個固定的數字，反而要看各個產業所處的景氣位置來做判斷，另外毛利率變化要看是否真的能長期穩定，景氣好時能賺錢是應該，景氣不好還能夠維持自身獲利才是最優質的產業與公司。

當提到「安全邊際」這個議題，很多人可能有各自的評估方法，前面提到的毛利率就是我自己在挑標的與產業時會關注的重點之一。開公司就是要賺錢同時要有大的產品毛利空間，否則也就代表公司本身的競爭力略嫌不足，但是多數投資人會聯想到的是價格而非品質，但其實品質在上述安全邊際的定義中，完全沒被提起。高品質資產也

可能伴有高風險，反之，低品質資產也可能很安全。舉個簡單的例子：隱形眼鏡產業就是獨特的消費產品，且需求長期穩定成長，單價不高且材料成本佔比也不高。但要大量生產會有一定的技術門檻與良率的問題，以及衛生條件的要求。

　　同時各國又針對隱形眼鏡產品有不同的認證與法規要求，從生產到上架銷售不是短時間就可以完成，畢竟要接觸人體的醫療器材都有這種特色。因此當有廠商早期進入這樣的領域並利用本身的技術與專利軟實力，架起了一道道讓新進業者難以跨入的經營護城河，我們可以說這樣的公司就具備在經營上的安全邊際。但安全邊際指的不是企業，也不是股東或管理階層多友善，當然也不是成長率優勢，安全邊際最重要的就是關於價格，當上述的隱形眼鏡公司遇到非經濟與全球性風險時，公司的本業經營並沒有大幅度改變，仍舊能創造極大且穩定的利潤，但股票價格卻遇到大幅下跌時，用便宜的價格買入就代表你所取得的股票價值與隱形眼鏡公司本應具備的價值間的差異，即為你投資上的安全邊際。

　　安全邊際主要的目的就是讓你在沒有損失的情況下賺錢，該隱形眼鏡公司內在的價值仍會持續成長，不會因為股價的波動而被影響，這是以經營為核心概念。

　　安全邊際的投資框架始於評估風險和下檔趨勢，而不是先專注在可能的報酬上。價值投資大師塞思 克拉爾曼曾說：「我們對於迴避風險的紀律，讓我們在2011年得以避開危險的誘惑並保持專注在自己的能力區裡投資，安全邊際是需要配合投資者本身的能力與經驗。」因此巴菲特才說要不斷的閱讀與學習，巴菲特先生的另一個投

資夥伴——查理・蒙格也強調跨產業的提升更為重要，對於自己不懂的產業，儘管它有如火箭噴發的趨勢，也要敬而遠之，因為已經超出安全邊際。

*在一般的工程中，人們會保留很大的安全邊際。但在金融世界，人們卻不在乎安全邊際，一切都是錯誤的計算所造成*
*——查理蒙格（Charlie Munger）*

價值很重要，但每個價值評估方法都有其假設。我習慣以多種價值評估方法為基底，因為單一一種價值評估方法並不能適用於每個公司。你不可能用一支螺絲起子就能修理所有的家電用品，可能還需要其他工具，更何況螺絲起子也有十字型與一行型之分，價值評估法也是這樣。

因為產業分類及商業周期不盡相同，消費旺季對零售業業績推升很明顯，而半成品的旺季卻是在一般消費期的淡季，所以也不能單純就以淡旺季去判斷，還需要加入產品製程成本以及銷售價格間變動趨勢。然而，不論你最喜歡的股票計算方式中有多少變數，最終你都要做許多假設。但是，如果一開始的假設就出錯了呢？你要如何縮小下跌時對自身投資組合的傷害？

我的方法就是了解產業的需求循環與產業上中下游供需關係，同時只選擇具市場佔有率前5大的公司做基本面比較、公司是如何維持其長期競爭力、成本與負債間的關係以及管理團隊的特色（不過這點在台灣市場反而比較難觀察），要做到這樣通常是須具備多年產業研究員的經驗，但如果沒有也沒關係，你可以投資於產業型的ETF，這類型的ETF通常囊括產業中的上中下游產業，只要這個產業是未來的

趨勢，整體都會一起受惠，這對初學者來說是相對簡單的方式。

　　其實找尋安全邊際是個非常有趣的過程，透過學習擴大自己的能力範圍，投資不見得只有從投資的書籍中才能學習，好比近幾年的心理學，哲學與物理學在投資界的運用越來越多，更不用說數學了，不管是量化投資或是模型操作都是數學與統計學，AI人工智慧投資就是資料庫與演算法的結合，這就是跨界學習，也是現在金融投資的顯學。

　　*價格是金融中最接近重力法則的東西。它是長期報酬率的主要關鍵。然而，投資的一般目標就是不要買在合理價，而要買在具安全邊際的價格。這反映任何對合理價的估計都只是估計，而非精確數字，所以，安全邊際提供預估錯誤和壞運氣的緩衝，當投資人破壞了這個原則，他們就冒了資本永久受損的風險——James Montier*

　　安全邊際是個耳熟能詳的概念，它雖然常被誤用，但在價值投資的小社群之外，安全邊際卻是個外星詞彙。

　　*如果你想用簡單的詞彙表達穩健投資的精髓，我們的建議就是：安全邊際——班傑明・葛拉漢（Benjamin Graham）*

## ♜ 企業的血液——現金流量比率

　　看一下現金流量比率的主要公式：未扣除利息、所得稅、折舊以及攤銷前的盈餘（EBITDA）除以年利息支出的比率，它反映了企業透過經營活動獲取足夠的現金來償還債務和兌現承諾的能力，現金流量比率越高，則表示企業償債能力越好；比率越低，則表示企業短期償債能力越差，所以這項比率最為短期債權人所關注。

當然只要跟現金流有關的數字都要特別關注,在財報中也有一張重要的報表是現金流量表,現金流量表包含三大活動,投資活動、融資活動與營業活動,另外可透過計算找出自由現金流與淨現金流,台股的看盤軟體對公司財報揭露也相當充足了,如果你主要做個股投資,基本的會計簡單的加減乘除還是要會運用,因為財務數字是用來戳破媒體新聞的一大利器,以下解釋一下有關現金流量的名詞公式。

營業現金流 :企業由於營運活動所帶來的現金流入

由營運活動(銷售商品、投資)帶來的現金流入。損益表中的收入及費用,是根據商業活動的流程做紀錄, 而不是根據現金入帳的時間做紀錄;營業現金流則是還原成現金觀點的數據紀錄。

投資現金流 :企業因投資資產所支付的現金流出

因應企業投資活動(購買廠房設備、不動產、轉投資子公司)的現金流出。投資現金流出的多寡,反映了經營階層對未來業績是否樂觀。處於成長期的產業,投資現金流會較高且逐年擴大; 處於成熟期的產業,投資現金流會較低且逐年縮小。 但投資人得特別注意的是企業是否過份擴張,而讓財務體質承受過高的風險。

融資現金流:股東、債權人直接相關的資金流入或流出

企業因應自身資金需求,所產生集資活動帶來的現金流入(出)。企業集資的來源有二:向債權人借款,或從股票市場和股東募資。融資現金流則是紀錄以上集資來源的現金數據。

自由現金流 ＝營業現金流-投資現金流

自由現金流量代表著：企業營運帶來的現金流入，扣除投資所需的資金後的剩餘資金。公司可視情況自由的應用這筆剩餘資金，例如發放現金股利，或是增加投資擴大營運。但若是自由現金流量長年小於0，代表營運賺回的資金不足以支應投資需求，此時只好以融資現金流來補充，資金壓力可能越來越重。

淨現金流＝營業現金流－投資現金流＋融資現金流

一段時間內公司的總現金流入（出）數據。如果淨現金流入主要來自於營業現金流，代表公司本業能帶回實質現金，經營穩健；如果淨現金流入主要來自於融資現金流，代表這家公司大部分的金錢來源是在市場上借來的而不是自己賺來的。公司營運資金不足，要多注意企業財務結構和獲利狀況。

國外以每季的季報和每年的年報最為重要，台灣似乎比較喜歡看每月營收變化，我相對較關注台灣公司的季報，有比較完整的訊息資料。如果只看月報資訊常因時間過短往往比較沒有方向性，同時月報資料也只有當月的營收表現，並沒有其他數據參考，建議觀察季報資料會比較清楚完整。至於企業現金流不管對於國家或是公司來說，都是非常重要的觀察指標，就像是人體的血液般，如果人體內缺血那就麻煩大了。如果企業資金斷炊，那所衍生的問題，不只本身公司出現經營風險，連協助企業貸款的銀行也是會產生呆帳，員工生計也因企業出問題，大規模失業將造成消費縮減，將造成有如滾雪球般的擴大效應。2008年的次級房貸風暴，很明顯的就是資金流動出現極大的問題，雖然是從貸款違約造成的，但實際上就是流動性的問題。

同樣的產業在景氣成長時，往往都會有比較高的負債比率，因為

可從市場中借取便宜的資金，且能獲得較高的收益，但當景氣往下時亦或是整體資金收縮時（央行逐漸收縮資金）都可能會面對投資與營運資金斷炊，更慘的是連償還債務都有問題的話就只能清算。而當企業出現問題，持有該公司債券的債權人優先清償順序是遠高於持有股票的股東的，因此當公司所發行之公司債利率大幅走高，都是一個需要關注的警訊，要去了解公司願意用如此高的利率來做借貸，是因為有不斷成長的訂單，還是因為借新債還舊債。如果是借新債還舊債，又要支付較高的利息，就要注意一下，這家公司未來是否會有無法還款落入惡性循環的問題。

## 🏰 企業的獲利能力──股東權益報酬率

巴菲特先生最愛的公式之一，就是股東權益報酬率（ROE），它代表企業為整體股東資金創造獲利的效率。股東權益報酬率越高，也代表公司為股東賺回的獲利越高。先看看公式：

**單季公式**：單季季稅後淨利 ／ 期初和期末股東權益平均

**近4季公式**：近4季稅後淨利總和 ／期初和期末股東權益平均

**年報公式**：全年稅後淨利 ／期初和期末股東權益平均

股神巴菲特持有的公司都具有高股東權益報酬率的特色（高於10~15%），如果ROE的走勢平穩或上升，代表能為股東帶來獲利的能力越來越好。台股在民國70與80年代因股票市場漸漸熱絡，多數公司傾向配股，但也因股本過度膨脹，而企業獲利並沒有如預期穩定成長，加上上市公司喜愛用印股票換鈔票的方式在市場上融資，這會比跟銀行借錢來的好，股價跌了頂多被小股東罵一罵。

　　我們在把股東權益報酬率拆解一下，把原先的淨利／股東權益，拆成淨利／資產×資產／股東權益，就變成「杜邦公式」，數學真有趣，加減乘除改一下就變得可以動手腳啦。

　　很多公司為了吸引投資人關愛的眼神，也知道市場投資人的口味，既然喜歡高的股東權益報酬率，只要在資產報酬率（淨利／資產）確定後，放大權益乘數（就是資產／股東權益這項）就好啦。

　　要生出資產項目還不簡單，改變一下財務槓桿就可以提高權益乘數（借錢也可以做到），至於台灣公司近年都趨向以配息為主，而有這樣的轉變，也在於公司未來擴大成長的空間有限，多配點息讓股東開心，也讓股價有所反應（不管上漲或下跌）。

　　配息的趨勢，也帶動近年「存股」的興起。或許對一些退休族而言相當的不錯，反正股息穩定高於定存，股票回檔就再增加持股，畢竟台灣股市平均股票殖利率可說是全世界數一數二的高，但仍要觀察公司基本面以及財報變化，畢竟在證券歷史中，沒有人能預料未來會如何，股票市場與世界的情勢變化是「動態的」，只是許多投資人已經把投資一家公司的研究工作簡化到只看公司的配息率，當然台灣的老闆們也樂於隨波逐流，反正配息率高自然會有人愛，至於到底公司賺不賺錢有沒有長期獲利的機會，就算配息來自於高槓桿的操作也就沒人特別在意了。

　　股東權益報酬率是一項觀察指標，過去我也有一段時間特別關注，但也在操作過程中發現原來道高一尺魔高一丈，也曾在投資後才發現完全跟原先所預期的完全不同。

每個財務指標都有可能被刻意的調整過，這或許是很多人對於基本分析沒有信心的原因吧！不過這或許也是在投資上的樂趣，對於股東權益報酬率的分析，也會建議加入同產業的公司一起比較，每個產業同一類族群的公司都會有所謂的行業平均表現的股東權益報酬率。

　　但這絕對不是說高的股東權益報酬率是騙人，亦或是低的股東權益報酬率就是爛公司。就像剛說的企業在經營的過程中是個動態的表現過程，而股東權益報酬率則是過去的成績單，因此觀察公司過去幾年持續的變化是相對穩健的做法，而不是只是單純定個無法變動的篩選條件，下圖為波克夏海瑟威公司的股價表現，看來具備誠信的經營者，就能繳出令人滿意且未過度財務操作的股東權益報酬率。

## 波克夏海瑟威公司：股神不只是股神，更是一位誠實且努力的經營者

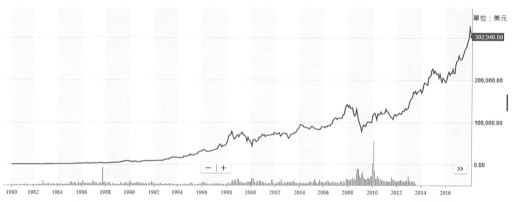

資料來源：yahoo finance

## ❧ 企業穩健與否的指標——股本變化與負債比

股本增加主要來自於 1.現金增資 2.盈餘與公積轉增資（也就是除權）3.購併。要預估一家公司未來的EPS時，必須計算股本膨脹的可能性，除了正常的配發股票股利而增加的股本之外，更要留意該公司有沒有發行可轉換公司債，並且從該公司的重大訊息公告中去解讀並拆解尚未轉換之公司債餘額以及轉換的情形，才不會低估了股本而虛增了EPS。

**負債比**：企業負債佔總資產的比例。

負債比並沒有越低越好的說法，當企業處於成長期，獲利持續向上，適當的舉債能夠提供企業充足的資金擴張，創造更多獲利。因此負債比應配合資產報酬率（ROA）做觀察，當出現資產報酬率長期下滑，負債卻長期上升的現象，投資人應特別注意財務結構的風險。

**資產報酬率（ROA）**：資產報酬率是用來衡量企業利用資產的經營效率。

資產報酬率越高，代表整體資產帶回的獲利越高。資產報酬率衡量的標準，長期至少要比定存利率、長期公債利率高為佳（約5%），否則同樣的錢拿去買定存或債券不只獲利較好，安全性還更高。另一個觀察重點為資產報酬率的走勢，走勢平穩或上升為佳。

有關資產報酬率的相關計算公式說明如后：

**單季公式**：〔單季稅後淨利 + 單季利息（註）*（1 - 稅率）〕/
期初和期末資產平均

近4季公式：〔近4季稅後淨利總和 + 近4季利息＊（1 - 稅率）〕／期初和期末資產平均

年報公式：〔全年稅後淨利 + 全年利息＊（1 - 稅率）〕／期初和期末資產平均

## ✪ 市盈率相對盈利增長比率決定賣出時機

不同產業有不同的本益比區間，同樣產業公司中的龍頭又享受較高的本益比，但在外資與法人專家圈中，高手就是能夠準確地預測出未來的EPS，如果企業的獲利穩定，則投資人常會發現股價固定在一定的本益比之間漲跌。利用本益比河流圖（過去的本益比變化走勢參見右圖），像財報狗網站就有提供好用的工具，查詢整理過比較直觀的數據與圖形，可以看出每股盈餘的成長趨勢。

**本益比** ＝ 月均價 ／近4季EPS總和

同時透過歷史本益比倍數數據區間，來判斷股價是否過高或過低。如果股價來到本益比河流圖偏下方，代表股價來到一段時間內的本益比低點，潛在報酬率較高； 如果股價來到本益比河流圖偏上方，代表股價來到一段時間內的本益比高點，潛在報酬率較低。

需注意的是本益比河流圖不適合快速成長的產業，因為這樣的產業通常會一直享有高本益比，沒有低本益比價位可切入。

*（註：有賺錢的公司，在付出利息後才會被課稅，從稅後的角度來看，實際上付給債權人的利息沒有帳面上那麼多。但財報中也沒有"稅後息前利益"這個項目，所以我們必須把稅後純益倒推回去算出稅後息前利益。）*

　　還有景氣循環產業較難判斷循環的轉折位置。這樣說來本益比似乎是不太好用的工具，因為多數產業都屬於成長型或是景氣循環型產業，而衰退的產業也無法套用本益比公式觀察。

　　本益比必須同時搭配獲利成長率一起看，如果獲利維持高成長率，那就代表其影響的因子為分母的每股盈餘；但如果成長率不佳，那麼高本益比可能就是股價過於高估。

　　然而法人是比較不會去看本益比這個數字，畢竟不管分子的股價與分母的每股盈餘都是變動的，本益比河流圖可以了解目前所觀察該公司在過去歷史的本益比變化，但更重要的是，公司基本面是否有改變，不過單純用本益比稍有偏頗，且在判斷進出點上精準度較差，因此仍須搭配其他的指標。

## 本益比河流圖

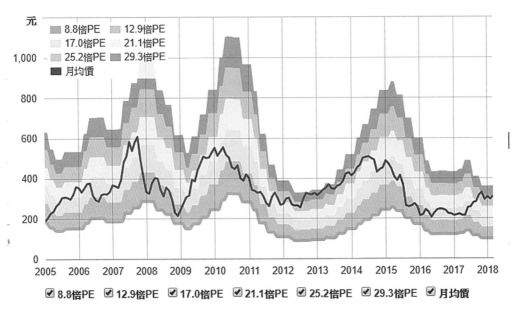

資料來源：財報狗

同時我在前面章節所提到的各國貨幣供給額變化，從2008年開始多頭走了快10年並且過去這十年市場資金極度寬鬆，我們現在都要特別注意，因為本益比這個數字，只能告訴我們一個股價相對偏高或是相對偏低，但要完全用本益比作為進出的依據，困難度非常的高，通常在法人圈終究是偏向使用市盈率相對盈利增長比率（PEG）指標。

PEG指標是由上市公司的本益比除以盈利增長速度得到的數值。

**公式為PEG=PE÷盈利增長比率（EPS增長率）**

投資大師彼得・林區曾指出，最理想的投資標的，PEG值應該低於0.5，PEG在0.5-1之間，是安全範圍，PEG大於1時，就要考慮該股有被高估的可能，更積極的是估出明年潛在的獲利成長率，只是不管是哪間投資銀行或者是專家，錯誤的機率都很高，因為未來是無法預測的，所以專心觀察公司的體質與研究其商業模式，找出其經營上的安全邊際。至於本益比好用嗎？我認為並非是個有效的工具，但是搭配PEG指標是更好的選擇。

# Chapter 7　投資可以贏在起跑點

郭台銘董事長是近 10 年，台灣市場中具備高度與願景的企業家，鴻海企業如細胞分裂的成長擴張也是有目共睹。營收表現也爆發性成長，隨著鴻海集團不斷成長的同時，也看到一個企業（同時也是台灣最大的代工產業龍頭）從草創初期到成長期，接著進入成熟期。至於是否進入衰退期，就鴻海來說我不認為已經進入衰退期，因為一個企業的管理團隊就是關鍵，厲害的企業家在企業逐漸出現企業成長動能減緩前，就會開始布局下一階段的成長產業，為自身企業打造另一波成長曲線。

因此你發現了嗎？對於鴻海來說，智慧型手機產業的明顯成長帶動鴻海過去的企業成長，所以在對的產業發展是相當重要的，不過從 2015 年開始隨著產業進入彼此競爭的戰國時代，獲利表現已大不如前，至於能勝出的公司就是能左右關鍵供給與技術的公司，或是能有極大產能產量的公司。

隨著智慧手機市場的飽和，積極的公司已開始布局下一輪的成長機會，鴻海布局物聯網、人工智慧機械製造，晶圓製造的台積電也是如此不斷在先進製程下苦工，國外的知名企業更是如此。

如果不求新求變，最後一定市場另一顆明星取代，最近在電腦 IC 處理器上有感覺到舊老大 INTEL 已被小老弟 Nvidia 超越，不過在商場上沒有人願意做第二，因為現在的商業環境已進入贏家拿走多數市

場占比與利潤的時代。

不過市場很有趣，有些公司能在舊的產業中找到新的切入點，並藉由極佳的技術與財務操作實力，找到穩健成長的獲利，並在長時間的行情走勢中，仍舊屹立不搖，國外倒是蠻多例子的，像是波音公司、SONY、任天堂等，例子還真多呀，未來只要是舊產業結合創新應該都會有不錯的投資機會。

## 毛利32%的蘋果與毛利5%的鴻海

作為一個投資人，必須把自己的投資當成一家公司在經營，只是營業項目較多元，有電子、化學、生物科技等，既然要獲利，必然要選擇賺錢的標的。建議選擇的是在產品上中下游能獲取絕大利潤比例的公司。就以蘋果題材概念為例，蘋果在整個蘋果概念股處於最上游，同時也包括下游的銷售。蘋果除了電子產品銷售外，還有資訊串流等服務業務，過去5年平均毛利落在24%。反觀鴻海過去5年平均毛利只有7%，也就是說品牌上游公司已拿走一個產品中絕大多數的利潤。這很合理，畢竟產品是人家設計出來的，再者，蘋果可不是只有一個供應商鴻海而已。好比最近有關蘋果鏡頭的市佔爭奪，中國大陸與國際上其他公司在技術上追趕得很快。

過去台灣傲視全球的紡織業似乎也受到極大的競爭，以國內的狀況來看，國內的龍頭公司真的是幾家獨大，但如果把這些公司放到海外，你會發現我們的市場規模非常小，在世界經濟持續往前進的同時，只看一個市場或只投資單一市場是危險的。

而只把你的資金留在台灣上市公司，不只增加風險，也是十分可惜。

## Apple 的毛利率近 5 年都還有平均 24%

| Fiscal | 2008 | 2009 | 2010 | 2011 | 2012 | 2013 | 2014 | 2015 | 2016 | 2017 | YTD | TTM | 5-Yr Avg | 5-Yr Growth |
|---|---|---|---|---|---|---|---|---|---|---|---|---|---|---|
| Revenue (Bil) | 37.49 | 42.91 | 65.23 | 108.25 | 156.51 | 170.91 | 182.80 | 233.72 | 215.64 | 229.23 | 88.29 | 239.18 | 205.97 | 7.93 |
| Operating Income (Bil) | 8.33 | 11.74 | 18.39 | 33.79 | 55.24 | 49.00 | 52.50 | 71.23 | 60.02 | 61.34 | 26.27 | 64.26 | 59.10 | 2.12 |
| Operating Margin % | 22.21 | 27.36 | 28.19 | 31.22 | 35.30 | 28.67 | 28.72 | 30.48 | 27.84 | 26.76 | 29.76 | 26.87 | 28.73 | -5.39 |
| Net Income (Bil) | 6.12 | 8.24 | 14.01 | 25.92 | 41.73 | 37.04 | 39.51 | 53.39 | 45.69 | 48.35 | 20.07 | 50.53 | 44.90 | 2.99 |
| Diluted Earnings Per Share | 0.97 | 1.30 | 2.16 | 3.95 | 6.31 | 5.68 | 6.45 | 9.22 | 8.31 | 9.21 | 3.89 | 9.74 | 7.77 | 0.08 |
| Operating Cash Flow (Bil) | 9.60 | 10.16 | 18.60 | 37.53 | 50.86 | 53.67 | 59.71 | 81.27 | 65.82 | 63.60 | 28.29 | 64.66 | 64.49 | 4.57 |
| Capital Spending (Bil) | -1.20 | -1.21 | -2.12 | -7.45 | -9.40 | -9.08 | -9.81 | -11.49 | -13.55 | -12.80 | -2.96 | -12.34 | -11.35 | 6.36 |
| Free Cash Flow (Bil) | 8.40 | 8.95 | 16.47 | 30.08 | 41.45 | 44.59 | 49.90 | 69.78 | 52.28 | 50.80 | 25.33 | 52.32 | 53.14 | 4.15 |

資料來源：morningstar

## 鴻海的毛利率近 5 年只有 7%

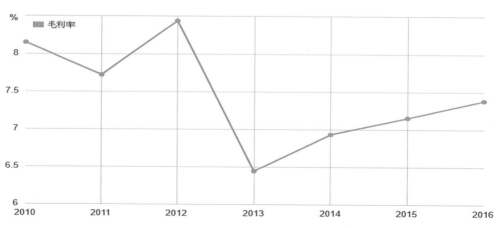

資料來源：財報狗

# 每筆交易手續費3美元與35美元的差別

你一定會發現，在投資的過程中，我非常在意交易成本這件事，過度交易絕對會是投資收益的一大殺手。因此每次在買進一個標的的同時，都必須投入相當長的研究與評估，投資雖然就是買低賣高，可是在一年當中，股票的高點與低點不斷交替出現，先不論是否能料事如神，或是每次出手必能獲利。光是每次在買賣時就要付出手續費。

我們在台灣，因交易台股的成本相對較低，有時券商會願意給你極優惠的手續費，但這並不是人人有獎。通常還是要看你的「交易貢獻度」，也就是能夠帶給券商多少成交量而定。

但如果是買進海外的ETF或股票，在沒開海外帳戶的情況下，只能透過券商的複委託交易，券商複委託交易已經算是便宜了，但也有一個每筆交易最低收取35美元手續費的標準，因為當你透過國內券商買賣海外商品時，國內券商接到委託之後，會再委託給國外的券商做交易，所以稱為複委託，也因此造成多重收費。

假設你直接透過海外券商做交易，那交易成本可明顯降低，目前有些海外券商交易甚至降到每筆手續費3美元以下，兩者差了近10倍，這是證券交易成本的差異，而海外商品的多樣化與多元性就更不用提了。美股網路開戶示範影片請掃描QR CODE

先前提到的ETF與基金產品在管理費用的差異，ETF的管理成本都在1%以下，相對的主動型基金產品的管理成本都約在2%以上（股票型都在2.5%以上、債券型約在2%），這些費用是不管基金績效有

沒有獲利，基金公司都會收取的；說到這裡，我們先前假設的前提是你每次出手都能獲利的情況，市場上應該不會有人敢拍胸脯保證自己做交易的勝率是百分百，因此在無法百分百保證獲利的情況下，對於交易成本的控制也是極重要的課題。建議要做哪個市場標的，盡量能在該市場做交易，例如：美股就在美國券商做交易，港股在香港券商做交易等等，成本一定相對較低，至於許多人會擔心語文的問題，這個問題也不大，隨著中國的崛起，華語在全球影響力提高，因此許多國際型券商早就都有中文服務了，而如果要對產業做研究，那閱讀英文相關資訊是必要的。

記得我以前在銷售基金商品時，證券公司都會跟業務員提到，最近我們要主推某檔市場熱賣的商品，而這檔基金的發行公司也會特別派專員來詳細說明產品架構與公司對於未來的市場看法，既然是主推商品，其產品的績效也必須是相當亮麗。但每次基金公司說完產品與市場展望後，一定會對大家強調這次的活動獎勵方案，獎勵方案可不是給客戶的，而是針對我們這群辛苦推銷的業務員的，在高級飯店中的下午茶舉辦說明會，已是目前商品銷售過程的標準配備，因為金融業必需營造出高大上的感覺。

但對於現在的我來說，投資上的獲利絕對比高級飯店下午茶的價格來的重要，看著這些資產管理公司或是銀行的市值規模不斷成長，覺得很感慨，也深深明白羊毛出在羊身上的道理。

# 🍴 結語：投資成本很重要

每個人在這個世界上都是獨特的個體，每個人的財務狀況與所能承受的風險程度也完全不同，不過每個人在跨入投資這條路之前，最重要的莫過於了解自身的狀況。

有些人的財務狀況重點反而不在投資，而是在理財。就算已經具備投資的本錢，仍必須謹慎行之。或許是大家都看到許多賺錢的股神，忽略掉許多投資虧損的故事，投資這件事絕對不像周星馳功夫電影中的火雲邪神所說的，「天下武功、唯快不破」，反而更需要深入的了解與觀察，同時多方閱讀資訊，從一次次的投資過程中累積經驗。

但仍有幾個重點在投資前需要建立的重要觀念：

**1.千萬不要人云亦云**：市場為何是市場，因為充斥著許多似是而非的「消息」，媒體是消息來源的大本營，但我們都必須訓練自己，當看到或者聽到什麼股市消息亦或是報酬率極佳的投資商品時，都能去查證與檢驗，絕對不要聽到什麼，就當下做決定，要大膽假設小心求證。

**2.投資成本、投資成本、投資成本**：很重要所以要說3次，在出入股市時，不要認為手續費或是商品的管理成本不重要，只看報酬率就好這種鬼話，金融機構就是需要你短線買賣進出才能賺手續費，基金公司就需要你買主動型產品，因為基金公司有很多員工要養，千萬不要當隻乖乖綿羊任人宰割，省下的費用就是增加自己的報酬率。

**3.投資方法千百種，沒有任何一種投資方法的勝率是100%**，沒有永遠不敗的明星操盤手，只有永遠存在的市場，重要的是把自身資產狀況與風險承受情況擺在第一位，你的重點是達成未來的理財目標，而不是曇花一現的亮麗報酬，能真正達成最後理財目標才是我們所要追求的。

# 台灣廣廈 國際出版集團
Taiwan Mansion International Group

國家圖書館出版品預行編目資料

80%求穩、20%求飆，低風險的財富法則 /
顏菁羚、鄭傳崙
-- 初版. -- 新北市：財經傳訊，2018.05
面；　公分. -- （view；28）
ISBN 9789861303895　（平裝）
1.理財 2.投資

563　　　　　　　　　　　　　　　　　　107003554

## 財經傳訊
TIME & MONEY

# 80%求穩、20%求飆，低風險的財富法則
：月入百萬證券營業員為何甘心於9.4%的年報酬率？

| | |
|---|---|
| 作　　者／顏菁羚<br>　　　　　鄭傳崙 | 編輯中心／第五編輯室<br>編 輯 長／方宗廉<br>封面設計／張哲榮<br>製版·印刷·裝訂／東豪·弼聖·紘億·秉成 |

行企研發中心總監／陳冠蒨　　　線上學習中心總監／陳冠蒨
媒體公關組／陳柔彣　　　　　　產品企製組／黃雅鈴
綜合業務組／何欣穎

發 行 人／江媛珍
法律顧問／第一國際法律事務所 余淑杏律師·北辰著作權事務所 蕭雄淋律師
出　　版／台灣廣廈有聲圖書有限公司
　　　　　地址：新北市235中和區中山路二段359巷7號2樓
　　　　　電話：（886）2-2225-5777·傳真：（886）2-2225-8052

代理印務暨全球總經銷／知遠文化事業有限公司
　　　　　地址：新北市222深坑區北深路三段155巷25號5樓
　　　　　電話：（886）2-2664-8800·傳真：（886）2-2664-8801
郵 政 劃 撥／劃撥帳號：18836722
　　　　　劃撥戶名：知遠文化事業有限公司（※單次購書金額未達1000元，請另付70元郵資。）

■出版日期：2018年5月　　　　■初版7刷：2022年3月
ISBN：978-986-130-389-5

版權所有，未經同意不得重製、轉載、翻印。